공동서신의 복음과 메시지

공동서신의 복음과 메시지
The Gospel and Message of the Catholic Epistles

채영삼 지음

초판 1쇄 인쇄 2024년 8월 2일
초판 1쇄 발행 2024년 8월 9일

발행처 도서출판 이레서원
발행인 문영이
출판신고 2005년 9월 13일 제2015-000099호

기획, 마케팅 신창윤
편집 송혜숙
총무 곽현자

경기도 고양시 일산동구 백석로 71번길 46, 1층 1호
Tel. 02)402-3238, 406-3273 / Fax. 02)401-3387
E-mail: Jireh@changjisa.com
Facebook: facebook.com/jirehpub

책값은 표지에 있습니다.

ISBN 978-89-7435-660-6 03230

신저작권법에 의해 한국 내에서 보호받는 저작물이므로 저작권자의 서면 허락 없이 이 책의 어떠한 부분이라도 전자적인 혹은 기계적인 형태나 방법을 포함해서 그 어떤 형태로든 무단 전재하거나 무단 복제하는 것을 금합니다.

공동서신의 복음과 메시지

채영삼 지음

The Gospel and Message of the Catholic Epistles

이레서원

목차

- 머리말 · 6

I. 첫 번째 이야기
   소외되어 왔지만, 절실히 필요한 공동서신 · 11

II. 두 번째 이야기
   도대체, 공동서신은 왜 신약에 들어 있는가? · 25

III. 세 번째 이야기
   공동서신은 왜 이런 순서대로 배열되어 있는가? · 33

IV. 네 번째 이야기
   공동서신은 바울서신과 어떤 관계인가? · 43

V. 다섯 번째 이야기
   신약성경에서 사도행전 다음에 공동서신이 먼저 나온다면? · 55

VI. 여섯 번째 이야기
   공동서신을 관통하는 '일관된 신학'이 있는가? · 67

VII. 일곱 번째 이야기
   야고보서의 복음, 어떻게 누리며 살아갈 것인가? · 87

VIII. 여덟 번째 이야기
　　베드로전서의 복음, 어떻게 누리며 살아갈 것인가?　　•115

IX. 아홉 번째 이야기
　　베드로후서의 복음, 어떻게 누리며 살아갈 것인가?　　•141

X. 열 번째 이야기
　　요한일서의 복음, 어떻게 누리며 살아갈 것인가?　　•165

XI. 열한 번째 이야기
　　요한이서, 요한삼서, 유다서의 복음과 메시지　　•187

XII. 열두 번째 이야기
　　공동서신의 말씀이 빚어내는 영성　　•201

• 에필로그　　•230
• 더 읽어 볼, 저자의 공동서신 관련 책과 논문들　　•239

머리말

이런 책이 필요했다. 10여 년 전 공동서신에 대한 본격적인 연구에 착수했을 때부터, 이렇게 공동서신의 핵심적인 내용을 평이하게 풀어 쓴 책이 필요할 것이라고 생각했다. 그간, 공동서신을 학문적으로, 체계적으로 연구한 결과는 『공동서신의 신학: 세상 속의 교회, 그 위기와 해법』으로 정리해서 출간했고, 야고보서부터 유다서까지 공동서신 각 권에 대한 본문 설명과 충분한 이해를 돕는 책들은 '공동서신의 이해' 시리즈로 모두 5권을 출간했다.

이제 공동서신 각 권의 복음과 메시지들을 쉽게 풀어 쓴 책이 필요한데, 이 책이 바로 그것이다. 공동서신에 대한 학문적인 논증을 중심으로 연구하고 싶다면 『공동서신의 신학: 세상 속의 교회, 그 위기와 해법』을 보면 된다. 야고보서나 베드로전서, 베드로후서, 그리고 요한일서, 요한이서, 요한삼서, 유다서의 말씀을 이해하고 묵상하거나 또는 설교하거나 성경공부로 하고 싶다면 '공동서신의 이해' 시리즈를 참고하시라.

이 책은 그보다는 접근이 용이한 책이다. 공동서신이 왜 중요하며, 그동안 왜 소외되어 왔는지, 아니, 애초에 공동서신에 무슨 쓸 만한 메시지가 있다는 것인지 잘 모르겠다면 이 책을 집어 들라. 물론 이 책은 설교집이 아니다. 지난 수년 동안 〈성경과 이스라엘〉이라는 잡지에 공동서신을 쉽게 소개한 글들을 모아 고쳐 쓰고 다듬어, 공동서신의 핵심 내용을 짧은 책 한 권에 담아 보자는 취지로 만든 책이다. 공동서신 각 권이 선포하는 복음 그리고 교회론과 그에 근거한 메시지의 요점만을 정리해 두었다.

그간 공동서신에 대해 연구하고, 논문을 쓰고, 책들을 쓰고, 강의하고 설교해 오면서, 공동서신의 강조점이나 특징들이 더욱 선명한 의미로 다가온 부분들이 있다. 필자 자신이 배우고 가르치면서 스스로 더 명확히 깨닫게 된 부분들, 그래서 이제는 '근거 있는, 견고한 확신'으로 자리 잡게 된 내용들도 있다. 이런 새로운 확신들과 더불어, 앞서 출간한 책들에서는 미처 소개하지 못했던 내용들, 강조점들, 깨달음들이 이 책에 포함되어 있다.

성경학자로서 말하자면 이 책은, 교회가 그동안 잘 다니지 않던 영토, 앞으로 오랜 세월 동안 그리로 가서 땅을 파 샘물을 길어 올릴 '새로운 영토'를 가리키고 있다고 할 수 있다. 머지않아 서구 신약학계에도, 바울서신보다 예루살렘 사도들의 서신인 공동서신이 더 주목받는 시대가 올 것이다. 이미, 사도행전 다음에 야고보서를 비롯한 공동서신을 바울서신보다 앞서 배치하는 헬라어 신약성경들이 출간되고 있다. 사본학적으로는, 사도들의 행적을 기록한 사도행전 다음에 예루살렘의 주요 사도들이 기록한 공동서신이 바울서신보다 앞서는 경우가 압도적이기 때문이다.

사도행전 자체도, 앞부분에는 예루살렘의 사도들의 행적이 나오고 그다음에 뒤이어 바울의 행적이 기록되는 순차를 가지고 있다. 사도들이 쓴 편지들에서도 이런 순차, 즉 '예루살렘의 사도들의 편지가 먼저 나오고 그다음에 바울의 서신들이 나오는 순차'가 자연스러운 것이다. 이처럼 사도행전 안에서도 그리고 신약의 서신들 안에서도 공동서신은 중요한 위치를 차지하고 있다. 더구나 공동서신은, 당시 초기 교회가 로마라고 하는 위협적이고 유혹적인 거대한 '세상'을 맞닥뜨린 상황에서 복음과 교회 그리고 성도의 삶을 해석한 결과라는 점에서 오늘날의 교회에 매우 적실한 서신인 것이다.

공동서신의 장점 중 하나는, 공동서신이 예수 그리스도의 복음이 갖는 초월성과 역사성 모두를 훌륭하게 선포하고 설명해 내고 있다는 사실이다. 이 땅의 교회는 언젠가부터 '세속화'의 거센 물결에 휩싸여 떠밀려 가고 있다. 그러면서 복음이 세상에 대하여 갖는 놀라운 초월성도, 그 초월성에 근거해 다시 세상을 살려 내는 역사적 차원에서의 역할도 완연히 상실하기 시작했다.

신약의 책들이 다 그러하지만, 공동서신은 이 땅의 교회가 복음의 참된 초월성을 되찾고, 동시에 역사를 새롭게 열어 가는 데에 크게 도움이 될 성경이다. 바울서신에도 풍성한 진리가 넘치지만, 공동서신 안에는 앞으로 교회가 파낼 금광(金鑛)과 같은 보화들, 퍼 올리면 가뭄의 때를 넉넉히 견디게 할 생수(生水)의 샘들이 무수히 널려 있다. 그것을 캐내어 누리는 일은, 앞으로 공동서신의 말씀을 배우고 가르칠 이들의 몫이다.

2024년 봄, 용인에서
채영삼

I — 첫 번째 이야기

The Gospel and Message of the Catholic Epistles

I. 첫 번째 이야기

소외되어 왔지만,
절실히 필요한 공동서신

신약성경에서 공동서신은, 야고보서를 시작으로 해서 베드로전서, 베드로후서, 요한일, 이, 삼서 그리고 유다서까지를 가리킨다. 왜 히브리서가 포함되지 않는지 궁금해하는 독자도 있을 것이다. 우선 히브리서는 저자가 명확하지 않다. 저자로서 바울이나 아볼로뿐 아니라 브리스길라를 거론하기도 한다. 혹자는 그 저자를 도무지 알 수 없어서, 우스갯소리로 '아비도 어미도 족보도 없는 멜기세덱'이 아니냐고 말하기도 한다.

그 내용에 있어서도 히브리서는, 신약의 다른 서신들과 별도로 다루어지는 편이 적절해 보인다. 이는 히브리서가 새 언약을 집중적으로 설명하는 독특한 서신으로서, 새 언약 백성인 '주 예수 그리스도의 교회'의 신앙과 삶에 관해 기록된 공동서신이나 바울서신의 '신학적 서론' 역할을 하기 때문이다. 앞으로 펼쳐지는 공동서신에 관한 이 책의 이야기들을 듣고 나면, 왜 공동서신이 히브리서와는 다르게 취급되는지 보다 선명하게 알게 될 것이다.

히브리서와는 다르게, 공동서신의 저자들은 모두 예루살렘을 중심으로 지도력을 발휘하던 중요한 사도들이었다는 사실이 명확하다. 이 사실만으로도 공동서신은 특별한 중요성을 갖는다. 하지만 개신교의 전통에서 보면, 공동서신은 확실히 소외된 서신들로서 별다른 주목을 받지 못했다. 정말 그러한가? 그렇다면 왜 이렇게 되었는가?

1. 공동서신이 소외되어 온 이유

개신교 전통 안에서 공동서신은, 복음서나 바울서신에 비하면 오랫동안 소외되어 온 서신들이 맞다. 로마서나 갈라디아서 같은 바울서신은 꽤 많이 연구되고 자주 설교되지만, 그에 비해 야고보서, 베드로전서, 특히 베드로후서나 유다서, 그리고 요한서신은 설교단에서 그리 자주 선택되는 본문들이 아니다.

왜 그럴까? 로마서와 같은 서신에 비할 때 공동서신에 기록된 내용이 원래부터 '그만큼 중요한' 교리가 많이 포함되어 있지 않기 때문일까? 그래서 '덜 가치 있는' 성경이기 때문인가? 신약 안에 보존되어 온 책이라고 해서 다 똑같이 중요한 것은 아니고, 그중에도 중심이 되고 핵심이 되는 서신이 따로 있기 때문일까? 정말 로마서야 말로 신약의 '황금반지'와 같고, 나머지 서신들은 은반지, 동반지, 그리고 공동서신은 구리반지, 특히 유다서 같은 서신은 플라스틱반지 같은 것에 불과하기 때문일까?

그렇지 않다는 증거도 있다. 교부였던 오리게네스(Origenes)에 의하면, 초기 교회에서 한때 온 교회에 의해 가장 사랑받는 서신, '하늘에서 쏟아진 은혜로 가득한 서신'으로 불리며 당대에 황금반지 같은 서신으로 사랑받았던 서신이 있었는데, 그것이 로마서가 아니라 '유다서'였다면 쉽게 믿기는가? 문제는, 그 책의 고유한 가치가 아니라, 교회가 처한 상황에 따라 그런 가치들이 인식되고 그 중요성이 강조되었을 가능성을 고려하지 않는 태도이다.

말하자면, 공동서신 7권이 모두 초기 교회에 의해 신약이라는 정경에 포함된 것은, 각 권이 그만한 가치와 정경으로서의 수준을 인정받았다는 것이고, 여러 다양한 상황 속에 처한 교회의 신앙을 나름의 방식으로 온전케 하는 데에 결정적이고 유익했기 때문이다. 이 때문에 신약의 각 책은, 특정한 시대에 속한 교회의 필요에 따라 서로 다른 평가를 받기도 한 것이다.

예를 들어 보자. 종교개혁의 기치를 높이 들었던 마르틴 루터(Martin Luther)는 주로 로마서와 갈라디아서 본문을 근거로 하여, '사람이 의롭다 함을 입는 것은 율법의 행위가 아니라 예수 그리스도를 믿음으로 된다'는 '이신칭의'(Justification by Faith)의 교리를 강조하고 확증했다. 이 때문에, 그 이후로 종교개혁의 전통을 이어받은 개신교의 교회들에 있어서 로마서나 갈라디아서 같은 바울서신의 비중이 막대해진 것은 두말할 필요가 없다.

그리고 바로 그 마르틴 루터가 야고보서를 '지푸라기 서신'(the Epistle of Straw)으로 부르며 평가 절하한 전통도, 야고보서에 대한 개신교 교회의 강렬한 인상으로 그대로 남아 있다. 여기서, 우리가 공동서신의 중요성이나 필요성을 쉽게 간파하지 못하는 이유가 뚜렷이 떠오른다. 그것은 우리가 공동서신을 바라볼 때, 너무나도 자연스럽게 바울서신이나 바울신학의 관점, 즉 바울서신이 강조하는 신학적 관점에서 바라본다는 사실이다.

굳이 비유해서 말하자면, 이는 마치 집에서 부모가 자녀들을 대할 때 형제 중 한 아이를 편애하면서, 다른 자녀들을 그 아이와 비교해서 말하는 태도와 비슷하다고 할 것이다. 부모가 "얘, 너는 왜 형처럼 그렇게 묵직하지 못하니?"라거나, 반대로 "얘, 너는 왜 동생처럼 그렇게 상냥하지 못하니?"라고 말할 때, 그 아이를 그 아이의 관점에서 보지 못하고 다른 아이를 기준으로 바라보고 평가함으로써, 그 아이가 지니고 있는 고유한 장점을 놓치게 되는 것과 다르지 않다.

공동서신에 별다른 중요한 내용이 들어 있지 않을 것이라는 편견은, 공동서신을 자주 바울서신의 시각으로만 보기 때문일 수 있다는 것이다. 질문을 하나 해 보자. 만일 '야고보서에서 가장 중요한 주제는 무엇입니까?'라고 물으면, 당신은 무엇이라고 답하겠는가? 많은 성도나 목회자는, 야고보서에서 가장 중요한 주제는 2장에 나오는 '믿음과 행함' 또는 '행함이 없는 믿음은 죽은 것'이라는 내용이라고 대답할 것이다.

왜 그런 대답이 나올까? 그것은 분명히 바울서신에서 중요한 주제가 '믿음과 행함'이고, 그 잘 알려진 주제에 비추어 볼 때 야고보서가 바울서신과는 다른 이야기를 하는 것처럼 독특해 보이니까, 그런 점을 야고보서의 가장 큰 특징일 것이라고 추정하기 때문이다. 그런데 그렇게 하면, 야고보서 나름의 장점과 메시지를 잘 찾기 어려울 수 있다.

오늘날 야고보서를 연구하는 학자들은 비록 야고보서의 핵심 주제나 문학적 구조가 무엇이냐에 관해서는 서로 다른 견해들을 보이지만, 그럼에도 야고보서의 모든 중요한 주제와 문학적 구조의 열쇠는 '믿음과 행함'을 논하는 2장이 아니라, 야고보서의 서론에 해당하는 1장에 나온다는 사실에는 합의한다. 이는 야고보서를 바울서신의 시각에서 바라보지 말고 야고보서 나름대로 이해하고 해석할 때에, 야고보서 나름의 가치와 주제들이 비로소 빛을 발하게 된다는 의미이다.

그러니까 마르틴 루터가 야고보서를 '지푸라기 서신'이라고 평가 절하하고, 로마서를 '정경 중의 정경'(Canon of the Canons)이라고 본 것은 다분히 신학적인 판단이지, 각 서신 자체가 갖고 있는 고유한 가치 때문은 아니라는 것이다. 이렇게 생각해 보자. 만일 한국에 사는 어떤 할아버지께서 '세상에서 최고의 음식은 된장찌개야!'라고 주장한다면, 그것은 정말 된장찌개가 그 영양가나 맛에 있어서 세계 최고의 음식이기 때문일까, 아니면 그 할아버지가 '한국 사람'이기 때문일까?

신약성경 중에서 로마서를 최고의 서신으로 드높이고 야고보서를 지푸라기 서신으로 평가 절하하는 태도 역시 이와 다르지 않다는 것이다. 즉, 로마서의 가치가 원래부터 야고보서의 가치보다 높기 때문이 아니라, 로마서를 최고의 '금반지 서신'으로 드높이게 된 종교개혁이라는 시대적 배경이 있었기 때문이라는 것이다. 사실, 교회가 오랜 기간에 걸쳐 성령 안에서 예수 그리스도의 권위와 계시로서의 수준 그리고 교회의 덕과 유익에 있어서 인정한 신약 27권의 정경들 가운데, 특정한 교리나 신학에 근거해서 성경 중 어느 한 책이 절대적으로 우월한 위치에 있다고 보는 것은 그리 건강한 태도가 아니다.

초기 교회 때에 '말시온'(Marcion) 이단은, '구약의 하나님은 진노의 하나님이요, 신약의 하나님은 사랑의 하나님'이라고 주장하면서, 신약에서 유대교적인 것이나 율법적인 것 그리고 심판에 관련된 말씀들은 모두 제외한 채, 사랑의 하나님을 드러내는 본문만 추려 '진짜 정경'으로 편집하여 '그 성경만'이 진짜 정경이라고 주장하기도 했다. 오늘날에도 이단들은 자주 신약성경 27권 중에 어느 한 권만을 절대적 권위를 가진 것처럼 여기는 태도를 취하곤 한다. 신약의 정경들에 대해 이처럼 '편향적'인 태도를 보이는 것은, 교회로 하여금 균형과 온전함을 잃게 하고, 지나친 경우에는 거짓 가르침에 쉽게 빠지게 할 수도 있는 위험스러운 일이다.

2. 오늘날, 절실히 필요한 공동서신

공동서신을 포함해서 신약 정경의 각 권은, 모두 예수 그리스도의 권위를 대변하는 사도들의 전통에 근거해서 교회의 온전한 신앙과 덕과 유익을 위해 주어진 하나님의 계시의 말씀이다. 그래서 교회는 언제나 '성경으로' 돌아갈 때에 비로소 자신의 문제점이나 병의 원인을 찾고 치유받으며 온전한 교회로 회복된다. 또한 종교개혁의 구호대로 '오직 성경으로'(Sola Scriptura) 돌아가자는 것은 곧 '전체 성경으로'(Tota Scriptura) 돌아가자는 의미임을 기억해야 한다.

말하자면 '성경으로 돌아가자' 할 때는, 로마서, 갈라디아서만이 아니라 공동서신으로도 돌아간다는 것을 의미하는 것이다. 하지만 오늘날 교회가 '오직 성경으로 돌아가자' 할 때에, 실제로는 종종 종교개혁의 전통에 근거한 특정 본문만으로 돌아가는 것을 의미할 때가 많다. 이러한 태도는, 마치 사람이 음식을 먹을 때 편식(偏食)을 해서 건강을 잃게 되는 것에 비유할 수 있다. 당신이 부모이고, 자녀를 위해 식탁 위에 반찬을 27가지나 만들어 올려놓았는데, 사랑하는 자녀가 날마다 소시지와 햄 두 개만 골라 먹는 것을 본다면, 당신은 그 아이에게 무엇이라 말하겠는가? 당장 그런 편식하는 태도를 꾸짖지 않겠는가? 아이의 건강을 걱정해서, 그 편식하는 습성을 바로잡으려 할 것이다.

그렇다고 소시지나 햄이 상추나 토마토보다 나쁜 음식이라는 말이 아니다. 모든 음식이 다양한 영양분을 포함하고 있고, 건강한 몸을 유지하려면 다양한 음식들이 필요하다. 그래서 때를 따라 제공되는 다양한 먹을거리를 골고루 섭취해야 한다. 하지만 편식하면 어찌 되는가? 병(病)이 든다. 오래전에 TV에서, 십수 년 동안 삼시 세끼를 오로지 라면만 먹고 살아온 노인을 본 적이 있다. 그렇게 해도 생존할 수는 있을 것이다. 하지만 그런 경우를, 그 십수 년 동안 라면만이 아니라 채소, 과일, 고기 그리고 각종 영양분이 풍부한 곡식들을 다양하게 먹어 온 사람과 비교한다면, 그 건강과 체력에 있어서 큰 차이가 날 것은 불을 보듯 뻔한 일이다.

신약성경에 27권의 책이 포함되어 있는 이유도 이와 유사하지 않을까? 이런 예를 들 수도 있다. 당신이 사는 동네에 내과(內科)병원이 있다고 가정해 보자. 만일, 동네에 있는 병원이 내과 하나라면, 당신은 무슨 병이 걸렸든지 어쩔 수 없이 그 내과병원을 갈 수밖에 없다. 설사, 팔이 부러졌더라도 내과밖에 없으니 내과 의사에게 간다. 물론, 내과 의사도 부러진 팔을 고칠 수는 있다. 다른 모든 병도 대충은 치료해 줄 수 있다. 하지만, 그 마을에 드디어 외과(外科) 의사가 골절 전문병원을 개업했다 하자. 그리고 이번에는 당신의 발이 부러졌다. 당신은 이제 누구를 찾아가겠는가? 늘 가던 내과 의사를 찾아가겠는가? 아니면, 새로 온 외과 의사에게로 가겠는가? 당연히 그 병을 가장 잘 알고 고칠 수 있는 전문 의사를 찾아갈 것이다.

그런데 놀랍게도, 우리는 신약성경에 오면 이 당연한 일을 하려 들지 않는다. 신앙이나 교회에 무슨 문제가 생겨도 우리는 로마서나 갈라디아서에서, '이신칭의' 곧 '행함이 아니라 은혜로 구원받는다는 믿음' 속에서 모든 해법을 찾으려 든다. 과장해서 비유했지만, 성경을 대하는 태도가 그렇게 '편향적'이라는 의미이다. 다시 말하지만, '이신칭의'의 교리에 문제가 있다는 것이 아니다. 그것은 여전히 종교개혁 전통 안에서 소중한 진리이고 놀라운 복음이다.

하지만 장점이 곧 단점이 되는 경우처럼, 어떤 것이 가장 중요하다고 생각하다가 부지불식간에 그것이 '전부'라고 믿게 되는 일이 흔히 일어난다. 이와 같이 성경의 특정한 진리, 교리를 지나치게 절대화하다가, 다른 소중한 많은 진리를 제대로 보지 못하거나 그런 성경들이 제대로 활용되지 못할 수도 있다는 말을 하려는 것이다. 만일 어떤 사람이 팔이 부러졌는데도 외과 의사를 놔두고 여전히 늘 찾아가던 내과 의사에게로 가려 한다면, 당신은 그런 사람에게 무어라고 말하겠는가? '팔이 부러졌는데, 왜 내과를 찾아가시오?' 그렇게 말하지 않겠는가?

루터가 '행함이 아니라 오직 그리스도를 믿음으로 구원받는' 교리를 성경에서 재발견한 중세 시대는, 온갖 고행(苦行)을 통해서라도 모든 것이 하늘에 계신 지극히 선하고 거룩하신 하나님을 향하여 위로, 위로 올라가려는 노력을 다하던 수도사적인 신앙심이 기독교적 세계(Christendom)를 지배하던 시대였다. 끝도 없이 하늘로 치솟아 올라간 첨탑이 특징이었던 당시 중세의 고딕 건축 양식이 그 시대의 정신을 그대로 반영하고 있는 것이다.

그런 시대에 루터가, 구원이란 우리의 노력으로 밑에서부터 위로 올라가는 것이 아니라, 위에 계신 하나님께서 그 아들을 통해 우리를 찾아오시고 우리는 그 은혜를 단지 그리스도를 믿음으로 받는 것이라는 '칭의'의 교리를 선포한 것은, 자기 공로에 찌든 중세 교회를 개혁하고 그 시대를 뒤집는 강력한 진리로 역사했다.

물론 오늘날에도 이신칭의의 복음은 여전히 강력하고 유효한 진리이다. 하지만 그런 진리에 기초해서 세워졌고 그 후로 오랜 세월을 지나온 개신교 교회들이 그때와는 또 다른 시대적 도전을 맞닥뜨리고 있는 것도 사실이다. 마치 지금 이 시대의 한국 사회 속에서 중세의 고딕 양식을 따라 끝이 뾰족한 첨탑으로 된 건물들을 쉽게 찾아볼 수 없는 것처럼, 우리 주변에서 오래전 루터가 고심하며 물었던 그 질문, 즉 '나 같은 악한 사람이 무엇을 해야 지극히 높고 선하며 거룩하신 하나님을 만날 수 있을까'를 진지하게 묻고 고민하는 성도들을 찾기도 어려운 시대가 되었다는 것도 사실이기 때문이다.

이런 시대적 현상은 교회 안에서뿐 아니라 세상에서도 마찬가지이다. 그런 질문이 이렇듯 극단적으로 물질적이고 세속화된 시대의 주요 관심이 아니기 때문이다. 이 시대의 가장 큰 고민은 어쩌면, '어떻게 해야 잘 먹고 잘살게 될 것인가'에 가까울지 모른다. 그래서 그런지 우리 주변에는, 예수 믿고 천당 가는 구원의 확신이 있으니 세상에서는 예수 믿고 복 많이 받는 것이 목표인 신자들이 많다. 그리고 그 목표를 달성해서 세상을 손에 얻었는데도, 도리어 이 세상의 '여러 가지 시험'에 든 교회들이 많지 않은가?(약 1:2) 더구나 예수 믿고 세상을 얻어 성공했지만, 도리어 세상 속에서 악한 일로 하나님의 이름을 땅에 떨어뜨리고 사회적 비난을 받는 문제가 오늘날 교회의 가

장 뼈아픈 치부는 아니던가?(벧전 2:12, 15)

예수를 믿기는 하지만 교회에는 '안 나가'는 소위 '가나안' 성도가 넘쳐나는 시대에, 온갖 거짓 가르침으로 탐욕을 채우는 거짓교사들, 그리고 공공연히 교회 안에서, 미디어를 통해서, 수치를 모르고 활보하는 거짓선지자들에게 상처받고 교회를 떠나 방황하는 성도들이 점점 더 많아지는 것이 우리가 집중적으로 다루어야 할 문제는 아니던가?(벧후 2:1-2) 또한 오늘날 교회는, 오직 하나님의 은혜로 구원받는다고 가르쳤더니 '옳다구나, 잘되었다' 하고는 그 은혜를 도리어 '방탕거리로 뒤바꾸는' 문제 때문에 골머리를 앓고 있지는 않은가?(유 1:4) 공동서신은 실로 교회가 맞닥뜨린 이러한 다양한 병적인 현상들을 진단하고 치유하는 전문의(專門醫)와 같은 역할을 한다. 참으로, 오늘날 한국 교회에 절실히 필요한 서신들이 아닐 수 없다.

II — 두 번째 이야기

The Gospel and Message of the Catholic Epistles

II. 두 번째 이야기

도대체, 공동서신은 왜 신약에 들어 있는가?

앞에서 우리는 공동서신, 즉 히브리서를 제외하고도, 야고보서, 베드로전서, 베드로후서, 요한서신 그리고 유다서는 신약에서 소외된 서신들이라는 현상을 짚어 보았다. 그렇게 될 수밖에 없는 이유 중에, 개신교 종교개혁 전통이라는 자랑스러운 유산이 가진 어쩔 수 없는 단점이라는 측면을 설명했다. 단점이 없는 장점은 없기 때문이다. 이것이 우리가 겸허한 마음으로, 공동서신을 교회에게 주신 성령의 뜻을 헤아려 보아야 하는 이유이다.

우리가 공동서신의 장점을 보지 못한다고 해서 공동서신이 바울서신보다 가치 없는 내용이라고 단정할 수 없다. 그렇다면 로마서나 갈라디아서로 충분할 신약성경에 왜, 무슨 이유, 무슨 목적으로 공동서신이 포함되어 있는가? 도대체 공동서신은 애초부터 왜 신약에 포함되어 교회에게 읽히고 여태껏 보존되어 왔는가? 공동서신 나름대로의 어떤 가치, 어떤 용도가 있었기 때문은 아닌가, 그런 면이 권위 있는 사도적 전통에 의해 인정되었기 때문이 아닌가? 그렇다면 공동서신은 어떤 가치, 어떤 용도가 있었는가? 묻지 않을 수 없는 것이다.

1. 공동서신은 어떻게 신약의 정경이 되었는가?

신약성경을 연구하는 학문적인 영역에서 이런 질문을 다루는 '방법론'이 있는데, 그것을 '정경화 과정의 해석학'(hermeneutics of the canonical process)이라 부른다. 어려운 말 같지만, 의도는 선명하다. 공동서신 7권이 신약이라는 권위 있는 정경(Canon), 곧 '하나님의 계시의 말씀'으로서 모든 교회를 위하여 주신 성경에 포함되는 '과정'(process)을 추적함으로써, 공동서신의 성격과 권위, 다른 신약의 책들과의 관계 그리고 교회를 위하여 주신 그 목적과 메시지를 이해하고자 하는 방법론이다.

천천히, 하나씩 생각해 보자. 오늘날 우리 손에 들린 신약성경을 구성하는 27권의 책은 하루아침에 모아진 것이 아니다. 주후 4-5세기쯤 되어서야, 당시 모든 초대교회가 인정할 만한 27권의 책들이 권위 있는 교회의 공식적인 정경으로 받아들여지기 시작했다. 그렇다면 그 기간까지 초기 교회는, 여러 차례에 걸쳐 '이 책들'이 과연 하나님께서 교회에게 주신 계시의 말씀으로서 권위 있는 성경인지를 검토했을 것이다. 그것은 단지 한 개인이나 학자가 판단할 수 있는 일도, 오늘날처럼 고고학적 분석의 결과 정도로 판단할 수 있는 일도 아니었다.

여기서 어떤 책이 '정경'에 해당하는지를 결정하는 근거와 자료로서 '사도행전'의 중요성이 나타난다. 신약의 정경이 확정되지 않았을 초기 교회 당시에는, 아직 예수 그리스도를 만났고 함께 지냈고 그분에게서 배웠던 제자들이 오순절(행 2장) 이후 초기 교회의 사도들로 활동하면서, 그들이 눈으로 직접 보고, 귀로 직접 들었던 증언들이 생생하게 교회에 퍼져 있었을 때였다. 예컨대, 이레나이우스(Irenaeus)에 의하면 사도 요한은 2세기 초반까지 살아 있었고, 그 당시에는 다른 사도들의 생생하고 권위 있는 증언을 들었던 수많은 제자들도 살아서 증언하고 있었다.

아직 사도들의 증언이 생생하던 시기에 사도들이 썼다고 주장되고 믿어지는 책들이 많이 나왔는데, 이런 책들이 전체 교회가 받아들일 만한 '권위 있는 정경'이 되는 과정은 매우 엄격했다. 우선 사도들과 그 사도들에게 듣고 배운 자들의 증언과도 일치해야 했고, 무엇보다 그 책 자체가 다른 신약의 정경들과 공유하는 권위와 영광, 내용의 수준과 끼치는 덕의 정도가 '모든 지역의' 교회로부터, 또한 사도행전이 증거하는 그런 사도 전통으로부터, 그리고 무엇보다 이로써 온 교회 안에 거하시는 한 분 하나님의 영이신 성령의 확증을 얻어야 했다.

이런 이유로 우리는 현재 신약성경에 포함된 27권 모두를, 오랜 기간 교회와 교회 안에 거하시는 성령께서 최종적으로 검증하여 우리에게 주신 하나님의 계시의 말씀으로 믿고 받을 수 있다. 여기서 중요한 점은, 당시에 '어떤 사도의 어떤 저작'이 '과연 성령에 의해 기록된 계시의 말씀으로서 교회의 정경'으로 인정될 수 있는가에 대한 확실한 척도로 제시된 것이 '사도행전'이었다는 사실이다. 특히 2세기 중반 교부로 활동했던 이레나이우스는, 사도가 기록했다고 주장되는 어떤 책이 정말 정경인지 아닌지를 검증하기 위하여 명확하게 사도행전을 기준으로 삼고 판단했다.

2. 정경 판단의 기준이 되는 사도행전

왜 사도행전이 정경 판단의 결정적인 기준이 될 수 있었는가? 어떤 책이 신약 정경에 해당할 만큼의 권위가 있는지를 판단할 때, 오늘날 같으면 성서학자가 고고학의 기법을 사용하여 해당 저작의 파피루스(papyrus) 조각 같은 것을 검증하여, 그것의 연대를 측정하고 그것을 기반으로 그 책이 진위 여부를 추정하는 이론들을 내어놓을 것이다.

예컨대, 도마복음서(Gospel of Thomas)가 그런 경우이다. 하지만, 만일 오늘날에도 이레나이우스에게 물어볼 수 있다면, 그는 아마도 다르게 접근할 것이다. 도마복음서의 기록 자체가 매우 늦은 시기의 작품이기도 하지만, 그보다 이레나이우스는 사도행전을 펼쳐 놓고 과연 사도행전에서 '도마'라는 인물이 어떤 존재이며, 그의 행적과 가르침에 관해 무엇이 남아 있는지를 비교, 검토했을 것이기 때문이다. 그만큼 어떤 책이 정경으로 인정받는 데에는 그 책의 배후에 어떤 사도적 권위(Apostolic Authority)가 있는지를 묻는 것이 결정적인 근거가 되었던 것이다.

정경을 결정할 때 사도행전이 그렇게 중요한 이유가 여기에 있다. 왜냐하면 '어떤 책'이 성경에 포함될 만큼 정경이 되려면, 예수 그리스도에 관한 권위 있고 틀림없는 증언이라는 보증을 받아야 했고, 예수 그리스도께서 승천하신 이후에는 그의 제자들, 곧 성령께서 교회에 오신 후 초기 교회의 사도들로 활동했던 '사도들의 일치된 증언'을 통해 그 정경의 권위를 확증하는 것이 곧 예수 그리스도의 권위로 확증하는 길이었기 때문이다. 초기 교회에서는 '사도들의 일치된 (catholic) 견해'가 곧 예수 그리스도에 관한 증언에 대한 최종적 판단을 내리는, 예수 그리스도와 성령으로 말미암아 교회에 위임된 권위였던 점을 이해해야 한다.

예를 들어, 야고보서가 신약 정경에 포함될 만큼 권위 있는 서신인지 아닌지를 결정하는 데 있어서, 그것이 주 예수 그리스도와 성령의 권위에 의지한 교회의 지지를 받으려면, 그 책이 사도행전에 나타난 '주의 형제 야고보'(야고보서의 저자)의 증언과 가르침, 그리고 다른 사도들과의 관계 등에서 얼마나 부합하는지를 확인함으로써 확증할 수 있었다는 것이다. 따라서 초기 교회에서 유력하게 활동했던 권위 있는 '사도들의 행적과 가르침들을 기록한 사도행전'은, 바로 그런 권위 있는 사도들이 교회를 위하여 기록해서 남긴 '사도들의 편지들'과 뗄 수 없는 관련을 갖고 있음을 주목해야 한다.

다시 말해서, 신약성경에서 서신서들의 권위와 그 내용을 제대로 이해하려면, 그 편지들을 기록해서 남긴 사도들의 행적과 가르침을 기록한 사도행전을 먼저 살피는 것이 유익하다는 것이다. 이런 점에서 사도행전은 사도들이 남긴 신약의 서신들을 위한 '서사적 서론'(narrative introduction)의 역할을 한다. 그러므로 신약의 서신들을 읽고 이해하고자 할 때, 우선 그 서신의 저자인 특정한 사도가 사도행전에서 무슨 일을 어떻게 했으며 어떤 설교나 가르침을 남겼는지를 살펴보는 것이 그 서신을 이해하는 가장 적절한 예비적 지식이 될 수 있다.

여기서 한 가지 기억해야 하는 중요한 원리가 있다. 즉, "사도행전에 나타난 사도들의 권위와 그들의 관계는, 그들이 남긴 서신들의 권위와 그들의 관계에 일치한다"는 사실이다. 이 원리를 이해하는 것은 그리 어렵지 않다. 당연하기 때문이다. 하지만, 곱씹을수록 신약의 서신들에 대해 많은 것을 알려 주는 흥미로운 원리이다. 다음 이야기에서 이에 관해 자세히 살펴보자.

III
세 번째 이야기

The Gospel and Message of the Catholic Epistles

III. 세 번째 이야기

공동서신은 왜 이런 순서대로 배열되어 있는가?

　지금 우리가 묻고 있는 질문은, '신약성경에 복음서와 바울서신만 있으면 되지, 왜 굳이 공동서신이 포함되어 있는지'에 관한 것이다. 왜 그럴까? 이 질문에 답하기 위해, 초기 교회에서 어떤 책을 신약의 정경(Canon)에 포함시킬 것인가를 판단하고자 했을 때 사도행전의 권위를 중요하게 여겼다고 말했다. 그리고 사도행전을 근거로 공동서신이 '정경'으로 인정받고 신약성경에 포함되는 '과정'을 살피는 방법론으로서 '정경화 과정의 해석학'을 소개했다. 즉, 공동서신이 지금처럼 배열된 이유와 궁극적으로는 신약에 포함된 의미는 무엇인지를 탐구하려는 것이다.

　공동서신이 신약에 포함되는 '정경화 과정'의 해석에 관해서, 우리는 두 가지 중요한 질문을 하게 된다. 첫째, 공동서신은 왜 야고보서, 베드로전서, 베드로후서, 요한일, 이, 삼서 그리고 유다서의 순서로 배열되어 있는가? 둘째, 애초에 바울서신 외에 따로 공동서신을 포함시킨 이유가 무엇인가? 이렇게 두 가지이다. 하나씩 살펴보자.

우선, 지금 신약성경 안에 포함된 공동서신은 야고보서, 베드로전서, 베드로후서, 요한일, 이, 삼서 그리고 유다서의 순서로 되어 있다. 왜 이런 순서로 배열되어 있는가? 이런 순서는 우연적으로 만들어진 것인가? 아무렇게나 배열하다 보니 이렇게 되어 있는가? 그렇지 않다. 바울서신의 경우는 어떤 순서로 배열되어 있는가? 바울서신에는 왜 로마서가 맨 앞에 나오는가? 로마서가 '이신칭의'라는 주제를 선포하기 때문인가? 그렇지 않다. 바울서신은 기본적으로 '길이' 순서로, 즉 긴 서신부터 짧은 서신의 순서대로 배열되었다. 로마서가 여타의 바울서신보다 먼저 나오는 이유는 그중에서 가장 길기 때문이다.

1. 베드로와 요한

그렇다면 공동서신에서 가장 긴 서신은 야고보서인가? 아니다. 요한일서가 가장 길다. 야고보서에 나오는 단어의 수는 전부 1,749개이지만, 요한일서는 2,137개에 이른다. 그렇다고 맨 마지막에 나오는 유다서가 가장 짧지도 않다. 공동서신 안에서 가장 짧은 서신은 요한삼서이기 때문이다. 궁금한 것이 또 있다. 베드로전서는 1,678

개의 단어로 되어 있다. 당연히 요한일서보다 짧다. 그런데도 먼저 나온다. 왜 베드로전후서는 요한서신보다 먼저 나올까? 아니, 왜 베드로전후서는 요한서신과 함께 공동서신에 포함되어 있을까?

'그 답이 사도행전에 있다'는 것이 정경화 과정의 해석학의 방법론이다. 사도행전을 살펴보자. 예를 들어 사도행전 1장 13절은, 마가의 다락방에 모여 있던 제자들을 열거하면서 '베드로와 요한'을 언급한다. 3장 1절도 마찬가지이다. '베드로와 요한'이 함께 성전에 올라간다. 사도행전에서 '베드로와 요한'은 단짝이다. 항상 함께 다니고 함께 언급된다. '요한과 베드로'라는 식으로 순서를 바꾸어 언급하는 적도 없다. 대표적으로 4장 19-20절을 살펴보자. 19절은 '베드로와 요한'을 언급한다. 만일, 19절과 20절이 베드로와 요한 각자의 증언들을 묶어 놓은 것이라면, 19절은 베드로가 그리고 20절은 요한이 그렇게 말했을 법하지 않은가. 어투가 그렇고 내용이 그렇다.

생각해 보자. 19절에서 "하나님 앞에서 너희의 말을 듣는 것이 하나님의 말씀을 듣는 것보다 옳은가 판단하라"는 칼로 무를 자르듯 단호한 태도와 내용은, 굳이 둘 중 한 사람이 한 것으로 생각해 본다면 과연 요한과 베드로 중 누가 한 말에 가까울까? 다른 사람은 다 주님을 버려도 자신만은 주님을 따르겠다든지(마 26:33), 나그네 된 삶에서 오직 하나님만을 두려워하라든지(벧전 1:17), 뭇사람들이나 왕까지도 존귀하게 대하지만, 하나님만큼은 두려움으로 대하라(벧전 2:17)는 베드로의 어투에 가깝지 않은가.

반면에 20절의 내용인, "우리는 보고 들은 것을 말하지 아니할 수 없다"는 식의 어투는 베드로의 것이라기보다는, 늘 예수님 품에 안겨 지내며 "태초부터 있는 생명의 말씀에 관하여는 우리가 들은 바요 눈으로 본 바요 자세히 보고 우리의 손으로 만진 바"(요일 1:1)라고 증언하는 요한에게서 나왔을 가능성이 훨씬 높다. 이처럼 사도행전에서 베드로는 요한과 함께 사역하고, 그것도 '베드로와 요한의 순차대로' 언급된다는 사실을 확인할 수 있다.

여기서 다시 한번, 공동서신의 정경화 과정에 있어서 사도행전이 갖는 의미를 되짚어 보자. 즉, "사도행전에 나타난 사도들의 권위와 그들의 관계는, 그들이 기록한 서신서들의 권위와 그것들의 관계에 일치한다"는 원리이다. 생각해 보면 당연한 이치이다. 사도행전에서 베드로와 요한이 늘 함께 사역했다는 것이 사실이라면, 서신서에서 왜 베드로전후서와 요한서신을 함께 묶어 놓았는지를 짐작할 수 있다는 뜻이다. 실제로 베드로전후서를 연구하다 보면, 요한서신의 신학과 서로 공통되는 주제들이나 특징들이 많다는 사실을 발견하게 된다. 늘 함께 사역했기 때문이다.

다시 사도행전 4장 19절로 돌아와 보자. 19절에서 '베드로와 요한'의 순서로 언급한 것이 중요하다. 그리고 19절은 베드로가 한 말이고, 20절은 요한이 한 말이라면, 이제 이렇게 상상해 보라. 19절을 길게 늘여서 하나의 '서신'이라고 생각하고, 20절도 길게 늘여서 하나의 '서신'이라고 생각해 보는 것이다. 그러면 어떻게 되는가? 그렇다. 바로 이것이 공동서신에서 베드로전후서와 요한서신이 '함께 묶여' 다니는 이유이기도 하고, 동시에 베드로전후서가 나오고 그 다음에 요한서신의 순서로 되어 있는 이유이기도 하다. 즉, 사도행전에 나타나는 사도들의 권위와 관계가, 그들의 서신서들의 순차와 관계에서도 그대로 일치하는 모습을 보여 주는 것이다.

2. 주의 형제 야고보

이제 공동서신에서 왜 '베드로전후서와 요한서신'이 함께 묶여 나오며, 왜 그런 순차대로 배열되었는지를 어느 정도는 이해했다. 그렇다면 야고보서는 왜 공동서신의 맨 앞에 나오는가? 그 답을 찾으려면 역시 사도행전으로 가야 한다. 여기서 한 가지 확인하고 넘어가야 하는 것은, 야고보서의 저자가 '주의 형제 야고보'라는 사실이다. 이것은 대부분의 학자가 무리 없이 받아들이는 견해이다. 그렇다면 사도행전에서 주의 형제 야고보는 어디에 나오는가?

사도행전 15장이 대표적이다. 사도행전 15장에는 무슨 이야기가 기록되어 있는가? 예루살렘 공의회, 곧 예루살렘에서 열린 초기 교회의 첫 번째 총회의 장면이다. 요즘 말로 하면, 교회들이 모인 노회들이 매년 9월경에 함께 총회로 모이는 경우와 같다. 다만, 사도행전 15장의 예루살렘 공의회는 바로 역사상 첫 번째 총회였던 점이 특별하다. 총회에서는 중요한 안건을 다루게 된다. 초기 교회에서 첫 번째 공식적인 총회였던 예루살렘 공의회의 주요 안건은 무엇이었던가?

여기서 바울이 등장한다. 흥미롭게도, 바울이 예루살렘 총회에 안건을 가지고 올라오는 것이다. 무슨 안건인가? 그것은, 오직 예수 그리스도를 믿는 믿음으로 구원을 받는데 꼭 모세의 율법을 지켜야 하는가, 할례를 받아야 하는가 하는 문제였다(행 15:1). 사실 바울은 '이방인의 사도'였다. 하지만 바울은 도시마다 가서 먼저 회당에 들러서, 예수가 유대인들이 기다렸던 바로 그 메시아라는 사실을 증거하지 않으면 안 되었다(행 17:17, 18:4).

왜 그랬을까? 그 도시에 이방인들을 전도해서 교회를 만들어 놓으면, 유대인들이나 유대교 그리스도인들이 와서 종종 훼방을 놓았기 때문이다. 이방인들도 오직 믿음으로 죄 사함 받고, 성령을 선물로 받는데, 유대파 그리스도인들 중에 어떤 자들이 몰려와서, 예수를 믿고 성령을 받았다 해도 할례를 받고 모세의 법을 지켜야 하며, 그들을 다시 율법 아래로 끌고 가려 했기 때문이다(갈 2:4, 12, 6:12-13).

바울은 그렇게 하는 것은 그리스도의 사역을 무효화(無效化)시키는 것일 뿐 아니라, 하나님께서 그 아들 예수 그리스도를 통해 이루신 '구속 사역을 거꾸로 돌리는 일'이라고 판단했을 것이다(갈 2:21-3:5). 그래서 바울은, 예수 그리스도를 믿고 성령을 따라 살고 있는 새 언약 성도에게 율법 아래에서 하는 율법의 행위들을 강요함으로써 '다시 모세 아래로, 율법 아래로' 돌아가게 만드는 일만큼은 결코 용납할 수 없었던 것이다.

이렇듯 이방인들을 위한 선교 현장에서 일어났던 '칭의의 복음'이 전파되고 뿌리내리는 일을 가로막는 문제들은 바울 혼자의 힘으로 해결할 수 없었기 때문에 예루살렘까지 찾아온 것이다. 당시 예루살렘에서 유대인들이나 유대교적 그리스도인들에게 상당한 지도력과 영향력을 발휘하고 있었던 주의 형제 야고보나 베드로의 도움을 받을 수 있다면, 이방인들을 위한 복음의 길을 훼방하는 골치 아픈 선교 현장에서의 문제를 해결할 수 있다고 보았기 때문이다.

이 때문에 첫 번째 예루살렘 총회가 열렸고, 바울과 베드로 그리고 주의 형제 야고보까지 다 한자리에 모인 것이다. 이 얼마나 흥미진진한 현장인가. 왜 흥미진진하다고 하는가? 다시 '정경화 과정의 해석학'의 원리를 기억해 보자: "사도행전에 나타난 사도들의 '권위'와 그들의 '관계'는, 그들이 기록한 서신서들의 권위와 그들의 관계에 일치한다." 자, 그렇다면 사도행전 15장에 나오는 사도들 가운데 당시에 가장 '권위 있는' 사도는 누구인가? 또한 이 예루살렘 공의회에서 나타난 바울과 베드로 그리고 주의 형제 야고보의 '관계'는 어떠한가?

예루살렘의 사도들과 안디옥의 선교사 바울은 이 첫 번째 공의회에서 만나, '율법의 행위가 아니라, 오직 예수 그리스도를 믿음으로 구원을 얻는' 이신칭의의 복음을 두고 서로 의견 차로 싸우고 헤어졌는가, 아니면 합의하고 협력했는가? 이것을 파악하면 그들의 서신들, 즉 야고보서의 중요성뿐 아니라, 로마서와 야고보서의 관계도 이해할 수 있게 될 것이다.

IV ― 네 번째 이야기

The Gospel and Message of the Catholic Epistles

IV. 네 번째 이야기

공동서신은 바울서신과
어떤 관계인가?

　신약성경에 바울서신만 있으면 되지, 왜 굳이 공동서신이 포함되고 보전되었는가? 바울서신에는 없는 무슨 중요한 내용이라도 있는가? 이 질문에 답하기 위해, 우리는 공동서신이 신약성경에 포함된 과정을 추적하는 '정경화 과정의 해석학'을 살피고 있는 중이다. 그 단서는 사도행전이다. 사도행전에 나타난 사도들의 권위와 그들의 관계는, 그들이 쓴 서신들의 권위와 관계들에 정확히 일치하기 때문이다.

1. 예루살렘의 지도자들과 안디옥의 선교사 바울
   – 조화, 보완, 균형

공동서신이 어떤 책이며, 바울서신과는 어떤 관계인지를 알기 위해, 우선 사도행전에 나타난 공동서신의 저자들인 예루살렘의 사도들과 사도 바울의 관계를 살펴보는 것이 유익하다. 대표적으로 사도행전 15장에 나타나는 주의 형제 야고보는, 율법의 행위가 아니라 예수 그리스도를 믿음으로 하나님의 백성이 되는 '칭의'의 복음을 방해 없이 선포하고자 하는 바울의 '강도권'(講道權)을 인준해 주는 초대교회 총회장의 권위와 신학적, 목회적 지도력을 보여 준다.

예루살렘에서 열린 이 첫 번째 공식적인 총회에서, 당시 총회장 격인 야고보는 '오직 믿음'의 복음을 유대교 율법주의자들의 방해를 받지 않고 이방인들에게 전도할 수 있는 강도권을 바울에게 허락하면서, 바로 '이때'가 '다윗의 무너진 장막을 다시 일으킬 때'이며 동시에 '모든 이방인들로 주를 찾게 하는 때'라는 판정을 내린다(행 15:16-17). 이로써 유대파 그리스도인들과 헬라파 그리스도인들 모두를 하나의 새 언약 교회로 묶어 내는 총회적 차원의 신학적, 목회적 지도력을 발휘한 것이다.

첫 번째 예루살렘 총회는 이처럼 주의 형제 야고보와 사도 베드로 그리고 선교사 바울이 함께 '이신칭의'의 복음과 '율법'의 문제에 있어서 서로 합의에 이름으로써, 바울의 선교 사역의 걸림돌을 제거해 주고 '흩어져 있는 온 교회들'(약 1:1; 벧전 1:1-2)을 향한 예루살렘 교회의 지도력을 공고히 하는 계기가 되었다. 사도행전 15장의 문맥에서 보면, 주의 형제 야고보는 '총회장의 권위'를 갖고 당시 젊은 선교사 바울의 권위와 비교할 수 없는 초기 교회의 중심축의 역할을 하고 있음을 알게 된다. 동시에 총회장 야고보는 '율법과 믿음'의 문제에 있어서 사도 바울과 충돌되지 않고, 서로 합의를 이루며 조화와 보완의 사도적 리더십을 발휘하고 있음도 잘 드러난다.

사도행전에 나타난 사도들의 권위와 그들의 관계가 중요한 이유는, 앞서 말했듯이 그들이 기록한 편지들을 이해하는 데에 결정적인 근거가 되기 때문이다. 즉, 사도행전에서 주의 형제 야고보와 사도 바울이 '율법과 행함, 믿음과 칭의'의 문제에 있어서 서로 대립하지 않고 협의하여 보완과 조화의 관계를 형성했다면, 그들이 각기 기록한 야고보서와 로마서 역시 '율법의 행함과 그리스도를 믿음'의 문제에 있어서 서로 충돌하지 않고 조화를 이루며 보완과 균형을 이룰 것이라고 예측할 수 있는 것이다.

그럴 수밖에 없지 않은가. 그리고 바로 이것이, 신약성경에 로마서 외에 야고보서가 포함되고 보존된 이유 가운데 하나이다. 우선, 두 서신은 '믿음과 행함'의 문제에 있어서 서로 충돌하지 않는다. 왜냐하면 주후 48-49년에 있었던 예루살렘 총회가 보여 주는 것처럼, 야고보서를 기록한 야고보와 로마서를 쓴 바울이 이 문제에 있어서 이미 매우 이른 시기에 합의에 이르렀기 때문이다.

한 걸음 더 나아가, 서신의 권위로 보자면 초대교회의 총회장 격이었던 주의 형제 야고보가 기록한 '야고보서의 권위'가, 당시 막내 사도였던 바울이 기록한 로마서만 못한 것이라고 볼 근거가 없다는 사실도 이해할 수 있게 된다. 이런 점에서, 야고보서가 수신자들을 언급하면서 "흩어져 있는 열두 지파에게 문안하노라"(약 1:1)라고 시작한다는 점에 주목할 필요가 있다. 이는 가히 총회장에게 걸맞은 인사말이 아닐 수 없기 때문이다.

'열두 지파'라는 것은 하나님의 언약 백성 전체를 가리키는 표현이다. '흩어졌다'는 것은 당시 로마제국 전역에 흩어진 예수 그리스도의 교회들을 가리키는 것이다. 이렇게 보면 야고보서의 인사말이, 당시 순회 전도자요 교회 개척자였던 사도 바울이 세웠거나 방문했던 '지역 교회들'을 향해 했던 인사말들과는 실로 그 범위와 폭이 크게 다르다는 사실이 확연히 드러난다.

그러니까 공동서신의 저자들인 주의 형제 야고보, 사도 베드로, 사도 요한, 그리고 주의 형제 야고보의 형제인 유다까지 모두 초기 교회 당시 '예루살렘'이라고 하는 초기 교회 '컨트롤 타워'(control tower)의 핵심 지도자들이었던 것이다. 말하자면, 당시 신약성경의 배경이 되는 초기 교회를 움직이는 '두 곳의 중심지, 두 개의 캠프'가 있었다고 할 수 있다. 사도 바울이 아시아와 마케도니아, 로마를 향한 선교의 전초기지로 삼았던 '안디옥'이 그 하나라면, 그와 쌍벽을 이루며 초기 교회 전체를 아우르며 지도력을 행사했던 '컨트롤 타워'로서 예루살렘이 있었던 것이다.

그 결과로써 신약성경에는 안디옥을 기반으로 하는 바울의 선교적 서신들뿐 아니라, 초기 교회의 총회까지 열렸던 예루살렘을 기반으로 하는 공동서신이 포함된 것이다. 초기 교회를 움직였던 두 중심지가 예루살렘과 안디옥이었던 것처럼, 그 '두 캠프'를 중심으로 활동했던 사도들이 보낸 서신들도 '두 그룹', 즉 예루살렘의 사도들이 쓴 공동서신과 안디옥의 사도 바울이 쓴 바울서신으로 남겨지게 된 것이다. 그렇다면, 초기 교회에서 예루살렘 없이 안디옥이 선교의 전초기지로서 제대로 작동할 수 있었을까? 사도행전 15장에서 보듯이, 바울이 선교지에서 이신칭의의 복음을 전파하면서 생긴 문제들은 결국 예루살렘의 총회 차원에서 해결될 수밖에 없었다.

예루살렘 없이 안디옥이 제대로 작동할 수 없었다는 말이나, 예루살렘의 사도들의 지도력과 사도 바울의 선교 사역이 함께 협력했다는 사실은, 그들이 기록한 서신들과의 관계에도 그대로 드러난다. 서로 협력과 조화의 관계가 우선이었던 것이다. 그래서 공동서신은 '반(反)바울적'이 아니라 '비(非)바울적'이라 할 수 있다. 공동서신은 바울서신의 내용과 충돌하는 것이 아니라, 오히려 바울서신이 잘 다루지 못한 부분을 더욱 깊이 다룸으로써 서로를 보완하고 함께 조화를 이루어, 초기 교회 전체의 온전한 신학과 신앙을 도모한 사역의 결과라는 의미이다.

당시 사도 바울이 '율법의 행함이 아니라 오직 그리스도를 믿음으로써' 죄 사함과 성령을 받으며, 오직 은혜로 의롭다 함을 입고 하나님 나라의 백성이 된다는 복음을 전할 때에, 이런 '칭의의 복음'을 오해하여 율법을 버리거나 반대하고, 심지어는 부적절한 신비 체험과 결합시키는 거짓 가르침을 퍼뜨리는 거짓교사들이 독버섯처럼 생겨

나기 시작했다. 갓 태어난 초기 교회는 한편으로 유대교의 율법주의로 회귀하기도 했지만(갈라디아서의 경우), 다른 편으로는 율법 없이 무질서와 방탕으로 빠져들기도 했던 것이다(고린도전서의 경우).

이런 부작용들까지 사도 바울 자신이 모두 본격적으로 바로잡을 수 있었다면 좋았겠지만, 실제로는 그렇게 되지도 않았고 그럴 여력도 없었다. 초기 교회에서, 사도 바울이 선교지에서 부딪히는 주요 신학적, 신앙적 문제들을 본격적으로 심도 있게 다룬 것은 오히려 예루살렘의 지도자들이었다. 예를 들면, 사도행전 15장의 총회가 끝나고, 주의 형제 야고보는 '흩어져 있는 열두 지파', 곧 '예수 그리스도를 믿는 새 언약 백성 전체'에게 총회의 결과를 요약한 총회서신을 보내지 않았을까?

그랬을 법하다. 현재의 야고보서가 직접적으로 그런 총회서신인지는 알 수 없지만, 총회장의 권위로 온 교회에 보내어진 서신임에는 틀림이 없다. 한 걸음 더 나아가서 사도 바울이 '오직 믿음'의 복음을 전하는 사명을 위해 그의 '선한 싸움을 다 싸웠'다면, 공동서신은 그 이후 교회의 신학과 신앙을 온전케 하는 일, 즉 '믿음에서 나오는 행함'을 강조하고 더욱 성숙하고 '온전한 신앙'(regula fidei)을 위해 흔들리는 교회들을 향해 예루살렘의 사도들이 선포하고 가르쳤던 내용들을 담고 있는 것이다.

2. 바울서신을 보완하는 공동서신의 가치와 역할

이처럼 초기 교회 사도들은, 승천하사 하나님 보좌에 앉으신 주(主) 예수 그리스도께서 보내신 성령을 통하여, 서로의 장점을 살려 초기 교회를 새 언약 백성으로 세워 가고 온전케 하는 일에 한마음 한뜻으로 협력했다. 그 결과가 신약성경이 보존해 온 바울서신과 공동서신이다. 따라서 주의 교회는, 이 두 서신 모음집을 교회의 온전한 신학과 신앙을 위하여 조화와 협력 그리고 보완과 균형의 시각으로 읽어야 할 특권과 책임이 있는 것이다.

다시 한번 묻자. 초기 교회의 예루살렘의 사도들은 왜, 무슨 목적으로 공동서신을 기록했는가? 예루살렘의 서신들은 바울서신과 구체적으로 어떤 관계에 있고, 또 공동서신에는 나름대로 어떤 강조점과 가치가 있는가? 이런 질문들에 답해 보자. 공동서신이 기록되고 또 정경으로 보존된 이유는 우선, 안디옥을 거점으로 활발하게 펼쳐졌던 사도 바울의 선교 활동 가운데 불거진 문제였던 '칭의의 복음을 오해'하던 자들을 바로잡아야 할 필요성 때문이었다.

이런 점에서 애초부터 공동서신은, 바울이 기록하지 않은 '여러 초기 교회 서신들을 무질서하게 늘어놓은 서신'이라고 폄하하기에는 너무도 중대한 역할을 하는 정경모음집이었다. 성 아우구스티누스(St. Augustinus)는 5세기경(주후 413년)에 그가 쓴 『믿음과 행함에 대하여(On Faith and Works)』라는 책에서, '죄를 지어도 불 가운데서 구원받는 것처럼 구원받는다'든지, '죄가 더한 곳에 은혜가 더하니 계속 죄를 짓자'는 식으로 사도 바울의 은혜의 복음을 오해하는 자들을 향해, 마치 오늘날 '바울의 새 관점'(New Perspective on Paul)학파에서 하는 것처럼 바울의 서신들을 칭의보다는 성화 그리고 믿음이 아니라 행함의 관점에서 '새롭게 보아야 한다'는 식으로 문제를 해결하려 하지 않았다.

그 대신 아우구스티누스는, 자신의 시대에 '오직 믿음, 오직 은혜의 복음'을 오해하고 악용하는 자들을 바로잡기 위해 오히려 '공동서신의 본문들'을 사용하면서, 그들처럼 '물 없는 샘'(벧후 2:17)이나 '비 없는 구름'(유 1:2)이 되지 말아야 하며, '행함이 없는 믿음은 죽은 것'(약 2:20)이라는 식으로 논증했다. 다시 말해서 그가 칭의의 복음을 오해하는 자들을 바로잡기 위해서 택한 방식은, 정확히 신약 정경 자체가 시사하는 바대로, 초기 교회의 지도자들이었던 예루살렘의 사도들이 택한 정통적 방식을 따른 것이었다.

즉, 5세기의 아우구스티누스 역시, 바울의 칭의의 복음을 오해한 자들을 바로잡기 위해 '바울을 바울과 충돌'하게 만든 것이 아니라, 바울이 선포한 복음에 대한 '바르고 온전한' 이해를 위해 초기 교회의 예루살렘 사도들이 나서서 편지를 썼던 그런 '보완과 조화 그리고 협력'의 정신을 그대로 따른 것이다.

오늘날 이 땅의 교회도 이러한 초기 교회의 전통을 따라 칭의의 복음, '오직 은혜'의 복음을 오해하고 남용하는 자들에 대해 이렇게 접근해야 하지 않을까. 그것이 '신약성경'이 이 문제에 대해 접근하고 해결해 나가는 방식이기 때문이다. 오늘날 '구원은 따 놓은 당상이니, 세상에서 예수 믿고 복 받고 성공하자'는 가르침이나, '일단 구원은 취소되지 않으니, 악행을 한들 어찌하랴'는 식의 거짓 가르침들을 무엇으로 어떻게 바로잡으려 하는가?

칭의의 복음에 대한 이런 오해들을 바로잡기 위해, 오늘날에도 다시 로마서, 갈라디아서를 가르칠 필요도 있을 것이다. 그래도 된다. 앞에서도 비유했듯이, 내과 의사도 부러진 다리를 고칠 수 있기 때문이다. 하지만 우리에게 외과 전문의사가 있다면, '부러진 다리'는 그에게 맡기는 것이 당연하고 옳지 않을까. 무엇보다 초기 교회의 사도들도 그리고 아우구스티누스도 그런 방식으로 하지 않았기 때문이다.

바울이 전한 칭의의 복음을 오해한 자들에게 바울의 복음을 '새롭게' 해석해 준 것이 아니었다는 말이다. 이미 이런 문제들이 발생했던 초기 교회는, 칭의의 복음을 오해한 자들을 위해 바울에게 그가 전한 복음을 새롭게 해석해 달라고 요청하기보다, 예루살렘의 사도들이 직접 이 부분을 보완하고 온전케 하는 가르침을 담아 온 교회에 편지를 써 보냈다는 것이다. 이것이 신약성경에 공동서신이라는 정경모음집이 따로 포함되어 있는 이유라는 것이다.

V ― 다섯 번째 이야기

The Gospel and Message of the Catholic Epistles

V. 다섯 번째 이야기

신약성경에서 사도행전 다음에 공동서신이 먼저 나온다면?

　공동서신은 정경모음집으로서 나름의 가치와 역할을 가지고 있어서, 공동서신이 가장 잘하는 부분에 있어서는 다른 정경모음집으로 대치되기 어려운 차원이 있다. 그렇지 않았다면 바울서신으로 충분했을 것이고, 그랬다면 공동서신은 애초에 기록되거나 신약성경 안에 보존될 이유도 없었을 것이다. 예컨대, '믿음'에 관해서라면 로마서, 갈라디아서를 잘 보아야 하겠지만, '행함'이나 '온전함'에 관해서는 공동서신을 제대로 파악하는 편이 훨씬 세밀하고 유익한 이해를 제공하는 것이다.
　말하자면 '인내'에 관해서는 야고보서가 바울서신에 비해 더 집중적으로 가르치고, '소망'의 복음이나 '교회의 선한 양심'의 중요성에 대하여는 베드로전서가, 신의 본성에 참여하는 '신적 성품'에 관하여는 베드로후서가, 그리고 '사랑'이나 '코이노니아'에 관해서는 요한서신이 더 전문적인 내용을 다룬다면, 그런 주제들에 관해서도 바울서신의 주장만을 들추다가 원래 바울서신이 잘 설명하던 '칭의'의 복음까지 혼란스럽게 만들 필요는 없지 않느냐 하는 것이다. 마치 신약성경에 바울서신만 존재하는 것처럼 여기고 모든 주제를 오직 바울서신에서만 찾아야 한다는 '강박관념'으로는, 신약성경의 다양한 정경들이 서로 조화를 이루며 함께 온전함에 이르게 하는 그 목적을 받아들이기 어렵게 된다는 것이다.

1. 신약의 초기 정경 목록들과 사본들이 보여 주는 공동서신의 위치와 역할

이런 점에서 신약 27권의 정경의 순차에 관한 흥미로운 사실이 있다. 필자가 목회자들을 대상으로 공동서신을 강의할 때, 한번은 휴식시간에 러시아에서 선교 사역을 하는 선교사님이 다가와, "교수님, 러시아에서는 신약성경이 사도행전 다음에 공동서신이 먼저 나오는 순서로 되어 있어요"라고 말했다. 그렇다. 그것은 러시아 정교회가 신약의 정경들을 배열하는 방식에 있어서 동방정교회의 전통을 따랐기 때문이다. 신약성경에서 사복음서와 사도행전 다음에 공동서신이 나오는 방식을 '헬라적 순차'(greek order)라 부르고, 사도행전 다음에 바울서신이 배열되는 경우를 '라틴적 순차'(latin order)라 부르는데, 왜 이렇게 구분해서 부르게 되었는지 살펴보자.

사정은 이렇다. 초기 교회에서 신약의 정경들이 확립되기 시작하면서 '신약의 정경 목록'(list of the New Testament canon)을 기록하기 시작했는데, 여기서 다소 놀라운 사실이 관찰된다. 즉, 사복음서와 사도행전 다음에 바울서신이 아니라 '공동서신'이 먼저 나오는 순차의 정경 목록들이 훨씬 더 흔하고, 고대의 것일수록 더욱 그런 경우가 많다는 사실이다. 예를 들어, 예루살렘의 씨릴의 교리서(주후 348년)나 라오디게아 공의회 59번째 정경 목록(390년)이 유명한데, 대표적으로 아타나시우스가 보낸 39번째 부활절 편지(367년)에 기록된 신약 정경 목록도 사도행전 다음에 바울서신이 아니라 공동서신을 먼저 위치시킨다.

그렇다면 사도행전 다음에 공동서신이 먼저 나오고 그 다음에 바울서신이 뒤따라 나오는 초기 교회의 정경의 순차는 무엇을 의미하는가? 만일 우리가 이런 식으로, 즉 '헬라적 순차'로 배열된 신약의 정경을 따라 읽는다면, 신약성경을 이해하는 일에 어떤 변화가 생길까? 예를 들어, 칭의에 관련된 주제인 '믿음과 행함'을 이해하고자 할 때, 애초에 사도행전 다음에 야고보서를 먼저 읽고 그 다음에 로마서를 읽게 되면 어떤 결과가 나올까?

어떤 학자는, 신약 정경에서 사도행전 다음에 공동서신이 먼저 나오는 정경적 순차가 의미하는 바는, 예수 그리스도의 복음을 이해하고자 할 때 사복음서와 사도행전을 읽은 다음에 공동서신을 먼저 읽고 바울서신을 읽음으로써 이신칭의의 복음을 오해함 없이, 보다 균형 잡히고 조화로운 초기 교회의 정통적인 복음 해석을 얻게 하기 위함이라고 해석하기도 한다(J. Painter). 다시 말해서, 신약의 정경은 애초부터 공동서신의 빛 아래에서 바울서신을 읽도록 배열되었다는 것이다. 그럴듯한가?

한 가지 더 언급해야 할 사실이 있다. 초기 교회의 신약 정경 목록들뿐 아니라 '신약의 사본들'의 경우에도 위에서 언급한 신약 정경의 '헬라적 순차'가 뚜렷하게 드러난다는 사실이다. 사본학자들에 의하면, 신약 전체가 남아 있는 사본이든 아니면 일부분이 남아 있는 사본이든 10세기경까지 기록된 신약의 사본들에서, 사도행전 다음에 공동서신이 나오고 그 다음 바울서신이 나오는 헬라적 순차가 95% 이상으로 '압도적으로' 많다는 것이다. 그렇다면 왜 우리는 오늘날 사도행전 다음에 바울서신이 먼저 오는 순차의 신약성경을 갖게 되었을까?

그것은 5세기경 제롬(Jerome)이 신구약성경을 라틴어로 번역한 '라틴 벌게이트'(Latin Vulgata)를 만들면서 신약 정경을 그런 순차, 즉 사도행전 다음에 바울서신이 오는 순차로 배열한 것으로 알려져 있다. 그 이후 주로 서방 교회가 '라틴 순차'를 유지했는데, 종교개혁 시대에 이르러 '이신칭의'의 교리가 잘 드러났던 바울서신이 중요해졌기 때문에 이런 라틴 순차를 바꿀 이유가 없었음은 어렵지 않게 이해가 된다. 그 이후로 고대의 영어 성경번역본들이 그런 순차를 따랐고, 특히 고대 영어번역본(특히 ERV, 구약은 ASV)을 많이 따랐던 한글성경 역시 이렇듯 지금처럼 사도행전 다음에 바울서신을 배열하는 순차를 갖게 된 것이다.

아니, 신약성경에서 각 권이 배열되는 순차가 그리 중요한가? 중요하다. 위에서 소개한 것처럼 초기 교회가 남긴 신약의 정경 목록들과 지금까지 남아 있는 신약의 사본들에서, 사도행전 다음에 로마서가 아니라 야고보서가 뒤따라 나오는 배열로 되어 있다는 사실은 충격적이고 또 새롭다. 적어도 야고보서를 비롯한 공동서신의 권위가 바울서신의 권위에 전혀 뒤처지지 않는다는 사실을 증명하기 때문이다.

이런 맥락에서, 최근에 영국 케임브리지대학교에 있는 틴데일하우스에서 발행한 『틴데일하우스 헬라어 신약성경(*Tyndale House Greek New Testament*, 2017)』은 이러한 역사적, 문헌학적 자료에 근거해서 사도행전 다음에 야고보서가 오는 순차를 택한 새로운 헬라어 신약성경을 출간한 바 있다. 결국 중요한 것은, 신약 27권의 정경은 각자의 고유한 가치와 역할이 있다는 사실이다. 신약 정경 중에 어느 하나가 다른 어느 하나의 책보다 그 자체로서 더 가치 있거나 원래부터 더 큰 역할이 있다고 생각할 수 없기 때문이다.

신약의 교회는 그 탄생 초기에서부터 다양한 대적들을 상대했고, 지금도 여러 상황에서 다양한 대적들을 상대하고 있으며 앞으로도 그렇게 새로운 대적들을 상대할 것이다. 신약성경이 정경적 다양성과 풍성함을 보유하고 있는 것은, 그런 다양한 상황 속에서 복음이 어떻게 적실하고 풍성하게 해석될 수 있는지에 대해 중대한 지침을 제공한다. 신약 정경의 다양성과 조화를 통해, 교회는 신약 정경이 보유하고 있는 '복음의 풍성한 해석들'에 기초해서, 각기 자신의 시대에 맞닥뜨린 대적들을 적실하고도 효과적으로 상대하는 전략들을 찾아낼 수 있는 것이다.

2. 공동서신과 바울서신을 조화롭게 이해하는 '정경적 확장'

이런 관점에서, 오늘날 '이신칭의'의 복음 위에 기초해 있으나 그 '칭의'의 은혜를 오해하고 더 나아가 '세속의 온갖 물결'에 휩쓸린 교회에게, 공동서신은 효과 있는 백신(vaccine)이요 치료제의 역할을 할 수 있다는 점을 생각해 보자. 공동서신의 가르침은 바울서신이 강조하는 '오직 믿음, 오직 은혜'의 복음을 훼손하지 않는다. 오히려 바울서신이 강조하는 '이신칭의'의 복음을 보존하면서, 그 바탕 위에 그리고 그와 더불어 '믿음의 행함'과 그로 인해 열매 맺게 되는 '온전함'을 강조한다. 더 나아가, 바울서신이 직접적으로 다루지 않는 '교회와 세상과의 문제'를 전문적으로 다루며 다양한 해법을 제시한다.

그러니까 공동서신은 '반(反)바울적'이 아니라 '비(非)바울적'이기 때문에, 바울서신과 충돌하지 않으면서 나름대로의 가치와 역할을 통해 바울서신과 함께 온전한 신학과 신앙을 세워 가는 데 중요한 역할을 담당하는 것이다. 문제는, 오늘날 '바울의 새 관점'(NPP: New Perspective on Paul)학파의 경향처럼, 신약성경의 복음을 오직 바울에게서만 찾으려는 '정경적으로 고착된 시각'이다. 왜 개신교 신학자들은 모든 것을 바울서신에서 찾으려 하는 것일까? 그것은 정말 복음의 전모(全貌)가 바울서신 안에만 있기 때문일까? 아니면, 종교개혁의 후예들인 개신교 학자들이나 성도들 속에 전통적으로 '루터의 피, 이신칭의의 피(?)'가 흐르고 있기 때문일까?

 신약의 '정경적 확장'이라는 개념이 필요한 것은 이런 점 때문이다. 신약성경 안에 원래부터 없던 정경을 활용하자는 말이 아니다. 이미 '있지만, 있어도 없는 것처럼' 취급되는 정경을 새롭게 발견해야 한다는 뜻이다. 신약 안에 바울서신 말고도 공동서신이라는 정경 모음집이 있다는 사실을 충분히 의식하고 활용하는 시각이 요구되는 것이다. 그런데 이런 새로운 시각과 태도를 갖는 일이 그리 쉬운 것이 아니다. 신학이 이미 시각(視覺)을 결정해 버리고, 그 고정된 시각이 성경의 정경을 취사선택하도록 만들기 때문이다. 말로는 '성경으로 돌아가자'고 하지만, 실제로는 자신이 갖고 있는 신학과 정경에 대한 선호도를 반복하는 것에 지나지 않는 경우가 많은 것이다.

 개신교 서구 학계의 동향도 이와 크게 다르지 않다는 사실은 다소 놀랍기도 하다. 분명히 '바울의 새 관점'학파가 바울신학에 관해 기여한 바가 많이 있다. 예를 들어, '이신칭의'의 교리가 수직적으로 하나님과의 관계에서만이 아니라 수평적으로, 즉 '사회적으로'도 중대한 의미가 있음을 재발견하고 강조한 점이다. 사도 바울이 외쳤던 칭의의 복음은, '율법의 행함이 없이 오직 은혜로 구원 얻는 길'을 열어 주기도 했지만, 바로 그렇기 때문에 유대인과 이방인, 주인과 노예, 남자와 여자, 부자와 가난한 자로 갈라진 당시의 사회를 '그리스도 안에서 한 몸' 곧 '오직 믿음과 은혜로 하나님의 새 언약 백성'이 되게 하는 놀라운 종말의 공동체를 창조하는 강력한 능력이었고, 지금도 그러하다.

하지만 바울이 강조한 칭의의 복음이 오해되는 것을 방지하기 위해, 바울서신에서 칭의는 이미 얻어진 것이 아니라 '종말까지 유보'되는 것이며, 성화의 결과로써 최종적인 칭의가 결정된다는 식으로 은혜요 선물로 주어지는 칭의의 복음 자체를 흔드는 것은 지혜롭지 못한 일이다. 그것이 설령 바울서신의 일부 본문들에 대한 정당한 해석일지라도, 그렇게 '옛 바울과 (소위) 새 바울'을 충돌시키는 이런 방식은, 적어도 초기 교회의 지도자들이나 그 이후 교회의 '공동의 (Catholic) 사도적 전통'을 따랐던 교회가 택했던 해법은 아니기 때문이다.

초기 교회의 전통은 어느 한 사도가 모든 것을 하게 하는 방식이 아니었다. 안디옥의 바울은 바울대로 그리고 예루살렘의 사도들은 그들 나름의 상황 속에서 대적을 상대하면서 각기 고유한 가치와 역할을 가진 서신을 기록했고, 동시에 '함께' 하나의 교회의 온전한 신앙을 세워 나갔던 것이다. 신약신학은 '독창'(solo)이 아니라 '합창'(chorus)이다. 오늘날 '오직 믿음, 오직 은혜'를 확신하면서도 적대적인 세상 앞에서 유혹당하며 비난받기 시작하는 한국 교회에게, 공동서신이 절실한 이유가 여기에 있다.

오늘날의 교회는, 바울이 강조한 '오직 예수 그리스도를 믿음'의 기초를 견고히 하면서, 동시에 공동서신이 제시하는 바 세상을 이기는 복음이 무엇이며, 세상 속의 교회는 어떤 모습이어야 하고, 어떻게 세상을 이기며 나아가야 할지를 '함께' 귀 기울여 들어야 할 필요가 있다. 결국 교회는 종교개혁가들이 주창한 대로 '오직 성경'(Sola Scriptura)으로 돌아가야 한다. 그 길만이 살 길이다. 성경 안에 이미 답이 있기 때문이다.

다만, 그 '오직 성경'은 로마서나 갈라디아서만이 아니라 공동서신까지를 포함하는 '전체 성경'(Tota Scriptura)을 의미한다는 사실을 되새겨야 한다. 그동안 교회가 종교개혁의 전통을 따라 로마서와 갈라디아서의 주된 복음과 교리를 따라 읽고 설교하고 가르쳐서 그 말씀으로 교회를 세워 갔다면, 그와 똑같은 열정과 사랑으로 야고보서와 베드로전후서와 요한서신과 유다서 그리고 요한계시록의 말씀으로도 교회를 세워 가야 한다는 것이다. 그저, 그 진정한 의미에서 '성경으로 돌아가야' 한다는 것이다.

VI 여섯 번째 이야기

The Gospel and Message of the Catholic Epistles

VI. 여섯 번째 이야기

공동서신을 관통하는 '일관된 신학'이 있는가?

예루살렘의 지도자들이었던 공동서신의 저자들은 사도 바울의 선교 사역과 협력했을 뿐 아니라, 한 걸음 더 나아가 자신들의 신학과 교회를 위한 목회적 지도력을 발휘했다. 단지 사도 바울의 서신을 보완하는 정도가 아니라, 나름대로의 신학적 안목과 판단을 가지고 초기 교회를 위한 신학과 신앙적 가르침을 주었던 것이다. 이것은 과연 '공동서신을 관통하는 일관된 신학'이 있느냐 하는 문제와 연관된다. 당시 예루살렘의 지도자들이었던 공동서신의 저자들이 일관되게 관심을 가졌던 신학적, 목회적 주제가 있었다면 그것은 무엇이었을까?

1. 공동서신이 신약성경에 포함된 이유는?

초기 교회의 예루살렘은 유대 전통의 중심지였고, 동시에 로마 총독의 관할하에 로마제국의 지배를 받는 정치, 종교, 사회, 경제, 문화의 중심지였다. 옛 언약의 특징적인 전통들, 즉 성전과 관련된 제사 제도와 정결법을 비롯한 강력한 율법의 전통이 남아 있었다. 그래서 공동서신에는 율법의 전통, 곧 언약적인 말씀의 전통이 깊게 남아 있다. 뿐만 아니라 공동서신의 저자들은 예수님께서 이 땅에 살아 계실 때 공생애의 사역을 목격했던 형제들이거나, 직접 예수님을 따라다니며 가르침을 받았던 제자들이다.

예를 들어, 야고보서는 예수님의 말씀인 산상수훈의 내용을 풍성하게 담고 있으면서도 단 한 번도 직접 인용하지 않는다. 학자들의 말을 빌리면, 야고보서는 예수님의 가르침을 '숨 쉬듯(breathing) 뿜어내고 있다'고 말할 수 있을 만큼 예수님의 말씀이 깊이 배어 있다. 바울이 주의 말씀을 '전해 듣고' 드문드문 인용하는 방식과는 전혀 다른 방식이다. 실제로 갈릴리를 걸어 다니며 가르치시던 예수님의 모습과 그분의 길이 공동서신의 저자들의 편지에 선명하게 드러나 있다.

베드로전서 2장 후반부가 바로 그 예이기도 하다. 예수님께서 지신 십자가는 단지 우리의 죄를 대속하기 위하여 '나무에 달려 우리 대신 율법의 저주를 받으시고' 우리를 '율법에서 해방하신'(갈 3: 13) 것만이 아니다. 베드로에게 있어서 그분의 십자가는, 세상 속의 교회가 제사장 공동체로서 적대적인 이방인들 속에서 반드시 '따라가야 할 발자국', 곧 '선한 양심의 길'로 묘사된다(벧전 2:21; 또한, 3:16-18). 말하자면, 예루살렘의 사도들은 예수님의 가르침이나 역사적인 발자취를 고스란히 보존하고 있던 제자들이었으며, 또한 예루살렘의 전통을 중심으로 하는 유대교의 율법이나 성전에 대하여 사도 바울처럼 비판적이거나 적대적인 태도를 취할 이유나 필요가 상대적으로 적었다는 것이다.

이와 대조적으로, 사도 바울은 주로 율법이나 성전 중심의 유대교와 부딪혀 논쟁하고 변론하면서 '칭의'의 복음을 두드러지게 선포했다. 현대의 바울학자들은 바울서신의 주요 주제가 '칭의'가 아니라고 할지 모르지만, 초기 교회의 역사나 종교개혁의 역사를 통해 드러난 바울서신의 '칭의'의 복음은 뚜렷이 서 있는 거대한 산맥처럼 부인하기 어려운 중요한 주제이다. 그렇다면 왜 바울은 복음을 '칭의'로 드러냈을까?

간단히 대답하자면, 그가 복음을 설명하고 선포했던 배경, 더불어 논쟁했던 그 대적이 주로 율법주의자들이었기 때문이다. 율법의 관심 자체가 '의를 행함, 의롭게 됨'이 아니던가. '칭의'의 복음은, 그 해법은 전혀 다른 것이지만, 동시에 율법의 관심을 그대로 반영한 것이라는 말이다. 반면에 공동서신에는 예수 그리스도의 복음을 '칭의'로 설명하는 본문들이 거의 나오지 않는다. 왜 그럴까? 칭의의 복음이 중요하지 않아서였을까? 그렇지 않다.

공동서신의 저자들에게 있어서 복음을 설명하는 일은, 유대교의 율법주의와 상대하고 싸우는 과정에서 나오지 않았기 때문이다. 예루살렘의 사도들에게는 이미 구약의 율법이나 말씀의 전통이 그들 자신의 오랜 유산이었다. 오히려 그들은 유대교 유산을 바탕으로, 또 다른 '대적'(counterpart)을 만나 복음을 설명하는 데 주력했다. 공동서신이 복음을 설명하는 데 있어서 큰 역할을 했던 상대는 무엇이었던가?

그것은 초기 교회가 상대해야 했던 로마, 곧 '세상'이었다. 야고보서, 베드로전서와 베드로후서, 요한서신, 유다서 그리고 요한계시록까지, 예수 그리스도의 복음은 주로 당시 로마라고 하는 거대하고 위협적인 제국, 곧 그 본질에 있어서는 '악한 자 아래 놓인 그 세상'(요일 5:19)을 상대로 싸우면서 펼쳐진다. 한 가지 예를 들어 보자. 요한복음은 예수 그리스도의 복음을 무엇이라고 설명하는가? '칭의'로 설명하는가?

요한복음을 보면, 이스라엘의 율법사였던 니고데모가 밤에 예수님을 찾아와 구원의 길에 대해 묻는다(요 3:1-2). 만일 로마서나 갈라디아서 배경이었다면, 예수님은 니고데모에게 '율법의 행위가 아니라, 오직 나를 믿음으로 은혜로 구원받는다'고 하셨을지 모르겠다. 하지만 요한복음은 그렇게 기록하지 않는다. 예수님께서는 니고데모에게 '거듭나야 한다'고 말씀하신다. 요한복음에서 예수님은 구원을 특징적으로 중생(重生), 즉 영원한 생명으로 설명하신다. 대표적으로, 요한복음 3장 16절을 보라. "하나님이 세상을 이처럼 사랑하사, 독생자를 주셨으니", 이는 그를 믿는 자마다 '행함이 아니라 믿음으로 의롭다 함을 입을 것이요'라고 말씀하지 않는다. 그 대신, "영원한 생명"을 얻을 것이라고 말씀하신다.

요한복은 왜 예수 그리스도의 복음을 '영원한 생명'으로 표현했을까? 그것은 예수 그리스도의 복음을 '세상'을 배경으로 설명했기 때문이라 할 수 있다. 비교해서 말하자면, 율법 아래에서는 '의'가 가장 중요한 주제이기 때문에 율법을 배경으로 복음을 설명할 때는 '칭의'의 진리가 두드러지지만, 세상에서는 '의'보다는 '생존, 즉 잘 먹고 잘사는 것'이 가장 중요한 주제이기 때문에, 그런 세상을 배경으로 복음을 설명하면 '영원한 생명'이 가장 큰 주제로 두드러지게 되는 것이다. 율법 아래에서는 '불의, 죄'가 가장 큰 위협이라면, 세상에서는 '죽음'이 가장 실제적인 위협이고 편만한 문제라는 뜻이기도 하다.

역설적이게도, 세상에서 사람들이 가장 원하는 것이 생명이지만 결국 사람들은 그 생명을 얻지 못한다. 이것이 세상 아래 사는 인생의 본질적인 문제이다. 율법 아래 있는 자들이 그렇게 얻고 싶어 하는 것이 '의'인데, 결국 '불의'한 자들로 드러나 저주 아래 놓이는 것처럼 말이다. 공동서신이 전개하는 예수 그리스도의 복음의 특징은 이렇듯, 초기 교회가 온갖 죽음의 징후가 가득한 로마제국이라는 당시의 세상을 상대하면서 뚜렷이 드러난다. 예루살렘의 사도들은, 사도 바울이 상대했던 '유대교'(Judaism)와는 또 다른 상대였던 '로마'(Rome)와 씨름하며 복음을 설명하고 교회를 지도해야 할 필요성에 직면했다는 것이다.

2. 공동서신의 일관된 주제 – '세상을 맞닥뜨린 교회'

그렇다면 공동서신을 관통하는 '일관된 신학'이 무엇인지 말해 볼 수 있을까? 바울서신의 경우는 저자가 바울 한 사람이기 때문에 '바울신학'이라 이름 붙일 수 있는 통일된 관점을 상정하기가 어렵지 않다. 다만 바울이 쓴 서신들의 중심된 신학이 무엇이냐 할 때, 시대에 따라 그리고 학자들에 따라 달라질 수 있는 정도이다.

하지만 공동서신의 경우, 공동서신을 관통하는 '일관된 신학이나 관점이 있다'라고 주장한다면, 그것 자체로 논증이 필요한 문제가 된다. 저자들이 모두 다르기 때문이다. 야고보서는 '주의 형제 야고보'가 기록한 것이 거의 분명하고, 베드로전후서의 경우 논란이 있기는 하지만 최근에는 베드로후서 역시 사도 베드로의 저작임을 확신하는 추세이다. 요한서신도 사도 요한이 쓴 것이 아니라고 볼 근거가 취약하다. 유다서를 기록한 유다 역시 '야고보의 형제'(유 1:1)로서 예루살렘 교회의 지도자 중 하나이다.

그러니까 공동서신의 저자들은 일단, 모두 '예루살렘의 유력한 사도들'로서 주로 '예루살렘 교회의 전통'을 배경으로 한다는 점에서 공통적이다. 당시 예루살렘은 유대교, 그러니까 옛 언약의 중심인 성전이 있었던 장소인 만큼 유대교의 모든 전통이 응집되어 있는 곳이었고, 종교뿐 아니라 로마의 식민통치의 거점으로서 사회, 문화, 정치적으로도 중요한 장소였다. 그래서인지 예루살렘의 사도들은 유대교나 옛 언약의 전통과 대립하는 모습보다는 계승하려는 태도가 강하게 나타난다. 하지만 로마에 대해서는 식민지 지배를 저항하는 유대교의 구심점으로서 늘 정치적 소용돌이 속에 놓여 있었다.

반면에, 앞서 언급했지만 '이방인의 사도'(갈 2:8)로 부름을 받은 전도자 바울은, 그 이방인 선교를 위해 반드시 해결해야 했던 유대교와의 대결, 즉 유대교의 율법과 성전을 상대해서 예수 그리스도의 복음이 무엇이냐를 설명하는 데 힘을 쏟게 된다. 그러니까 사도 바울의 원대한 목적은 이방인 선교이지만, 그 목적을 이루기 위해 실제로 그가 주로 논쟁해야 했던 상대는 유대교, 그것도 율법에 관련된 문제들이었다고 할 수 있다.

그러니까 유사하면서 역설적이게도, 예루살렘 교회의 사도들은 유대 전통의 뿌리를 굳게 유지했던 유대교의 중심지를 근거로 했으면서도, 그들이 남긴 공동서신은 오히려 로마를 상대로 한 복음과 교회론과 윤리를 전개하고 있는 것이다. 그래서 필자는 야고보서부터 베드로전후서, 요한일,이,삼서 그리고 유다서를 각각 살피면서, 7개의 공동서신이 전체적으로 '세상을 맞닥뜨린 교회'(the church facing the world)라는 큰 주제 아래 한 덩어리로 묶어질 수 있다는 가설(hypothesis)을 세웠고, 그것을 나름대로 증명해 보였다(『공동서신의 신학』, 고양: 이레서원, 2017).

공동서신이 초기 교회에서부터 정경적으로 '한 덩어리'로서 취급되어 왔다는 것은 이론의 여지가 없다. 특히, 초기 교회가 전하는 '신약 정경 목록들'이나 신약 헬라어 사본들을 근거로 살펴보면, 지금의 순서처럼 야고보서가 맨 앞에 나오고 유다서가 맨 끝에 나오며, 중간에 야고보의 서신, 그리고 베드로의 서신 2개, 그리고 그 뒤에 사도 요한의 서신 3개가 나오는 순차도 전통적인 권위를 가진 것으로 인정할 수 있다(참조. 특히, 아타나시우스의 「39번째 부활절 편지」, 367년).

그렇다면 공동서신이 정경모음집으로서 '한 덩어리'로 연결되어 있다고 할 때, 야고보서가 공동서신의 서론(introduction) 역할을 하고, 유다서는 그 결말(conclusion)의 역할을 한다고 볼 수 있다(R. Wall). 실제로, 야고보서의 맨 처음 문단인 1장 1-4절의 주제는 '인내하라'는 것인데, 흥미롭게도 공동서신의 결론 부분에 해당하는 유다서 역시 "우리 주 예수 그리스도의 긍휼을 기다리라"(유 1:21)는 말씀으로 마무리된다.

또한 사도 요한의 저작으로 받아들일 수 있는 요한계시록의 2-3장이 서신의 형식을 가진 것을 고려한다면, 요한계시록 역시 크게 보아서 공동서신의 테두리 안에 들어간다고 할 수 있다. 무엇보다 '인내', '끝까지 견디는 자'라는 공동서신의 주제는, 요한계시록의 중심 주제 가운데 하나이다. 이렇게 보면 야고보서부터 요한계시록까지가 모두 예루살렘의 사도들의 저작으로서 신약에서 중요한 부분을 차지하는 커다란 정경모음집이라는 사실이 조금 더 뚜렷이 드러나 보인다.

3. 공동서신의 '공통적인' 주제들

공동서신의 서론으로서 야고보서는, 이런 점에서 어쩌면 요한계시록까지 이어져 다루게 되는 공동서신 전체에서 가장 중요한 '상황'(context)을 언급한다. 그것은 '세상을 맞닥뜨린 교회가 당하는 여러 가지 시험들'이다: "내 형제들아 너희가 여러 가지 시험을 당하거든"(약 1:2; 참조. 벧전 1:6). '시험', 이것이 공동서신이 시작하면서 언급하는 첫 번째로 가장 중요한 주제인 것이다.

그렇다면 '여러 가지 시험들'은 무엇 때문에 생기며 어디에서 오는가? 그것은 우선, 갈라디아서에서처럼 '율법의 행위'로 인해 다시 '율법 아래로' 회귀하는 문제 때문에 드는 시험은 아니다. 오히려 베드로후서가 생생하게 그려 내는 것처럼, 신자가 예수를 믿음으로 '세상의 더러움과 썩어짐과 허무함을 피하여 나왔는데' 다시금 서서히 그 '세상의 더러움과 썩어짐과 허무함에 뒤섞여 말려들어 가는' 그런 종류의 시험을 이야기한다(벧후 1:4, 2:20).

이처럼 공동서신이 다루는 이 시험은, 주로 '세상'으로부터 오는 위협임을 알 수 있다. 그것이 유혹이든 핍박이든, 세상으로부터 오는 이 시험은 요한계시록까지 관통하는 핵심적 배경이라 할 수 있는 것이다. 이런 식으로 공동서신은 우선적으로 교회가 세상에서 당하는 '여러 가지 시험들'에 깊은 관심을 기울인다. 공동서신이 '시험'의 문제에 집중하는 것이 오늘날 이 땅의 교회에게 얼마나 적실할 수 있는지 생각해 보자. 혹시 우리 주변에 '율법 아래에서, 과연 어떤 선한 행위를 해야 하나님께 인정받을 수 있을까'로 고민하는 신자는 얼마나 될까?

그런 경우들이 있기도 하겠지만, 대체로는 예수를 믿어도 세상 속에서 참으로 여러 가지 시험들에 휘말려 살아가는 경우가 대부분이 아닐까. 그것은 우리가 살아가는 이 사회 자체가 너무나 '세속화'된 시대 속에 있기 때문이고, 교회 역시 그 풍랑의 한복판에 서 있기 때문이다. 이런 이유 때문에, 공동서신의 서론격인 야고보서가 꺼내고 또한 공동서신에 포함시킬 수 있는 요한계시록 역시 일관되게 다루는 이 '여러 가지 시험들', 곧 세상의 유혹과 핍박의 문제는 오늘날의 교회가 진지하게 다루지 않을 수 없는 주제이기도 한 것이다.

공동서신이 자주 그리고 깊이 있게 다루는 주제들은 이렇듯 '여러 가지 시험들'이라는 상황에서 시작한다. 그러면 또 다른 어떤 주제들이 있는가? 먼저, 시험을 당한 교회는 '고난'을 당하게 될 것이다. 그래서 고난이야말로 공동서신이 다루는 중요한 주제들 중 하나일 수밖에 없다.

야고보서는 세상의 부(富)에 대한 유혹과 시험에 휩쓸려 차별과 분란을 자초한 내부적 고난 가운데 휩쓸린 교회를 다룬다(약 2:1-13, 4:1-17). 베드로전서는 조금 다른 각도에서 고난의 문제를 다루는데, 교회 안에서보다는 세상과 부딪히면서 세상과 갈등하고 세상의 적대감을 경험하면서 받는 외부적 고난의 문제를 다룬다. 그리고 교회가 세상과 부딪히면서 고난을 당하는 모습은, 사실 요한계시록에서 그 절정에 이른다.

시험을 당하면 당연히 고난을 겪을 것이다. 그럴 때에 공동서신이 강조하는 가장 중요한 해법은 무엇인가? '인내'이다. 간단한 이야기처럼 들리지만, 공동서신은 이 인내가 세상을 상대하는 교회에게 얼마나 중요한 전략인지 다각도로 깊이 있게 파헤친다. 인내는 별것 아닌 것처럼 보이나, 성도의 삶에 있어서 대부분을 차지한다고 해도 과언이 아닐 만큼 중요한 신학적 주제이다.

오늘날 칭의나 성화라는 주제는 자주 다루지만, 아쉽게도 인내에 대해 깊이 연구하고 가르치고 설교하는 경우는 많지 않다. 하지만 인내라는 과정이 없이는 그 어떤 생명도 열매를 맺지 못하는 것처럼, 한 성도의 신앙에 있어서나 교회 공동체에게 있어서도, 인내는 영적 생명이 그 영적 열매를 맺는 과정에 있어서 결정적이다. 또한 인내는 '소망'의 다른 표현이기도 한데, 특히 베드로전서나 베드로후서는 '소망의 복음서'라고 할 수 있을 만큼 소망 위에 복음과 교회의 기초를 놓는 것을 볼 수 있다(벧전 1:1-12; 벧후 3:8-14).

교회는 세상 속에서 여러 가지 시험을 만나 고난을 당하는 가운데 인내하게 되는데, 그렇다면 '무엇으로 어떻게' 인내한다는 것인가? 공동서신은 대체로 이 대목에서 '말씀'과 '행함'을 강조한다. 인내라는 것은 우선 '말씀의 생명'을 받고, 그 말씀의 생명이 믿음의 행함을 통해 싹트고, 꽃피고, 열매 맺는 전 과정을 가리키게 된다. 야고보서나 베드로전후서 그리고 요한서신 모두가 이런 부분을 상세하고 치밀하게 가르치고 있다.

시험, 고난, 인내, 말씀, 행함, 그리고 공동서신은 또 무엇을 강조하는가? 사실 공동서신이 강조하는 '행함'의 핵심적인 내용은 '사랑'이다. 사랑이 율법, 곧 하나님께서 그의 언약 백성에게 요구하시는 내용의 핵심이요 절정이기 때문이다. '율법의 요구'라는 것은 사실 그렇게 복잡하거나 어려운 것이 아니다. 새 언약 백성에게 하나님께서 요구하시는 새로운 율법의 요구는 "내가 너희를 사랑한 것 같이 너희도 서로 사랑하라"(요일 3:23; 참조. 요 13:34)는 것이 그 요체이기 때문이다.

사랑에 대한 강조는 요한서신에서 많이 발견되지만(요일 4:7-21), 베드로후서가 강조하는 '신적 성품'(벧후 1:4-6)의 절정도 사랑이고, 야고보서가 강조하는 행함도, 새 언약 백성이 그들이 받은 '긍휼'을 따라 행하는 긍휼 곧 사랑의 행위이다(약 2:13-26). 무엇보다 여러 가지 시험을 만나 성도가 인내한다는 것도, 하나님의 사랑 안에 거하며 계속해서 하나님을 사랑하기를 중단하지 않는다는 것을 의미한다(약 1:12). 그만큼 '사랑'은, 요한서신에서 그 절정에 이르는 공동서신의 핵심 주제이다. 만일 바울서신이 '믿음'에 대하여 많은 중요한 것들을 가르친다면, 베드로전후서는 '소망'을, 그리고 요한서신은 '사랑'에 대해 더욱 집중적으로 가르친다고 할 수 있다.

마지막으로, 공동서신이 시험, 고난, 인내, 말씀, 행함, 사랑과 더불어 강조하는 중요한 주제 중 하나는 '생명'(헬. 조에)이다. 요한일서는 "태초부터 있는 생명의 말씀에 관하여는"(요일 1:1)이라는 문구로 시작할 만큼 적극적으로 생명의 복음, 생명신학을 전개한다. 요한복음은 복음을 이렇게 설명한다: "하나님이 세상을 이처럼 사랑하사 독생자를 주셨으니 이는 그를 믿는 자마다 멸망하지 않고 영생을 얻게 하려 하심이라"(요 3:16). 단순히, 율법의 저주 아래서 꺼내셔서, 율법의 행위가 아니라 예수 그리스도를 믿음으로 의롭다 함을 입을 것이라고 말하지 않았다.

구원의 본질은 동일하겠지만, 요한복음은 구원을 칭의가 아니라

'영원한 생명'으로 소개하고 있는 것에 주목해야 한다. 왜 그런가? 복음을 설명하는 배경이 '율법 아래'가 아니라 '세상 속'이기 때문이다. 그러니까 율법 아래에서 가장 얻을 수 없는 것이 '의'(righteousness)라면, 요한복음이나 요한서신에서 구원을 '영원한 생명'으로 설명하는 이유는, 사람이 세상에서 가장 얻고 싶어 하지만 가장 얻을 수 없는 것이 생명(life)이기 때문이다. 공동서신은 이런 식으로 생명이라는 주제를 다각도로 깊이 다룬다.

4. 공동서신 '각 권의 주제들', 그 다양성과 통일성

공동서신이 '세상을 맞닥뜨린 교회'가 재해석한 '복음'을 선포하고, 그에 적실한 교회론과 윤리를 제시한다고 할 때, 공동서신 각 권은 어떤 특징적인 주제를 전개하는가? 이것은 공동서신 전체를 관통하는 일관된 주제가 있을 뿐 아니라, 그 일관된 주제가 공동서신 각 권에서 '정경적인 순차를 따라' 어떻게 점진적으로 펼쳐지는지를 묻는 것이다.

공동서신은 야고보서부터 시작해서 유다서로 끝나는데, 이런 정경적인 배열은 우연이 아니라 앞서 밝힌 바대로 공동서신의 저자들인 예루살렘의 사도들이 초기 교회에서 가졌던 권위와 상호 관계를 따른 것이라고 설명했다. 동시에, 공동서신 각 권의 배열은 '주제적으로도' 점진적인 발전과 전개를 보여 준다. 정경이 배열된 순차 역시 일정한 신학적 의도에 따른 것이라고 보는 견해는 낯설지 않은 주장이다. 특히 공동서신의 경우에는, 각 권의 특징적인 주제가 서로 점진적으로 연결되어 전개된다고 말할 수 있다.

우선, 야고보서의 주제는 '하나님과 세상 사이에서 갈등하는 교회'라고 할 수 있다. 교회가 하나님과 세상 사이에서 갈등하기 시작하면 '여러 가지 시험'에 들게 된다. 그 결과, 치명적인 현상으로 나타나는 것이 '두 마음, 나뉜 마음'이다(약 1:8, 4:4, 8). 야고보서는 이 '나뉜 마음'이 신자 한 개인의 차원에서뿐만 아니라 교회 공동체 안에서 '차별'과 '다툼'으로 나타나며, 더 나아가 '온 피조 세계'가 그런 나뉜 마음에서 나오는 '악한 말들'로 인해 '지옥 불'에 타는 것으로 묘사한다.

그리고 이런 '나뉜 마음'에 대한 복음적인 해법으로서 '거듭난 심령에 심어져 있는 말씀'(약 1:21)을 제시한다. 통상 야고보서의 중심 주제로 알려져 있는 '행함'에 대한 강조는, 사실 '진리의 말씀'으로 거듭난 심령에 심어진 말씀의 생명이 발현한 결과이며, 이 '마음에 심긴 말씀'은 무엇보다 중생한 성도의 '말'을 바로잡고, 그렇게 말씀으로 치유되고 바로잡힌 말은 '나뉜 마음'으로 인해 파괴된 공동체를 감사와 찬양과 기도의 공동체, 치유와 세상을 이겨 내는 경건을 가진 공동체로 회복시킨다.

베드로전서의 핵심적인 주제는 '세상 속의 교회'이다. 베드로전서 앞에 위치한 야고보서의 주제가 '하나님과 세상 사이에서 갈등하는 교회'라는 것을 전제한다면, 베드로전서는 '세상을 맞닥뜨린 교회'라는 상황에 관해서 한 걸음 더 나아간 단계를 다룬다고 할 수 있다.

다시 말해서, 야고보서가 다루는 '하나님과 세상 사이에서 갈등'하는 문제, 즉 '나뉜 마음'의 문제를 제대로 다루지 못하고 시험에 들어 고통만 당하고 있다면, 그런 교회는 베드로전서가 주장하는 '세상 속의 교회', 즉 세상에서 '거류민과 나그네'요 동시에 세상 사람들을 자신의 선한 행실로 하나님께로 인도하는 '제사장 공동체'가 되는 일에 실패하고 말 것이라는 뜻이 된다(벧전 2:9-12).

그만큼 베드로전서는 '교회가 세상 속에서 어떻게 하나님의 백성으로 살아갈 것인가'의 문제를 집중적으로 다룬다. 교회가 하나님도 사랑하고 세상도 사랑하여 여러 가지 시험에 빠져 있다면, 그런 교회가 세상을 '여행자'처럼 지나가기 어려울 것이다. 세상을 사랑하여 그것을 얻고자 하는 자신의 탐욕에 붙들려 세상이 가는 심판과 멸망의 길에서 나오지 못할 것이기 때문이다. 더구나 그렇게 세상에 붙들린 교회가 어떻게 세상 속에서 선한 양심과 선한 행실로 하나님의 이름이 거룩히 여김을 받으시게 할 수 있는가? 오히려 '악행한다'는 비난을 받으며 하나님의 영광을 가리지 않겠는가. 베드로전서는 이렇듯, 세상 속의 교회가 당면한 중요한 문제들을 세세히 다루고 있다.

베드로후서의 주제는, 베드로전서의 주제와 '한 짝'을 이룬다. 두 서신은 동일한 저자인 사도 베드로에 의해 기록되었기 때문에 '신학적 일관성'을 갖고 있는 것이 분명하다. 위에서 설명한 대로 베드로전서의 주제가 '세상 속의 교회'라면, 베드로후서는 '교회 속의 세상'이라고 해도 좋을 만큼 두 서신은 서로를 필요로 하며, 서로를 배경으로 설명할 때 가장 명확하게 이해될 수 있다.

교회가 '외적'(外的)으로 베드로전서가 강조하는 바대로 '세상 속의 교회'의 정체성과 사명을 따라 성공적으로 살아가려면, 베드로후서가 설명하는 것처럼 '내적'(內的)으로 '신적 성품'과 '성경적으로 올바른 성경 해석'을 갖추어 가는 공동체가 되어야 한다는 것이다(벧후 1:4-21). 왜냐하면 교회가 맞닥뜨리고 있는 상대인 세상으로부터 온갖 더러움과 썩어짐과 허무함의 광풍을 교회 안으로 끌어들이는 거짓교사들의 거짓 가르침의 문제가 교회 자신을 오염시키고 무기력하게 만들기 때문이다. 베드로후서는 바로 이런 문제, 즉 교회가 '자신 안으로 들어와 버린 세상'과 어떻게 싸워야 하는지 그 문제와 진단, 해법과 전략을 상세히 제시하고 있다.

베드로전후서에 뒤이어 배치된 요한일서의 주제는 '세상을 이기는 교회'라고 할 수 있다. 요한일서뿐 아니라 요한서신의 배경은, 교회 안에 들어왔던 거짓교사들의 거짓 가르침을 따르는 무리들이 이제는 아주 그 교회를 떠나 '분리되어 나간' 상황을 다루고 있다(요일 2:19). 이런 점에서 요한서신은 베드로전후서처럼 세상 속에서 그리고 세상과 뒤얽혀 싸우는 문제가 아니라, 아예 세상과 분리되어 세상을 상대하면서 그런 세상을 어떻게 '이겨 낼 수 있는지'의 문제에 관심을 기울이는 것이다(요일 5:4).

요한일서가 선포하는 '세상을 이기는 교회'의 복음과 그 해법은, '그 아들과 아버지와 우리와 너희의 코이노니아'이다. 태초부터 계신 '생명의 말씀'이요 '영원한 생명'이신 그 아들이 '육체로' 세상에 오신 사실 자체가, 이 세상을 장악하고 있는 '악한 자 곧 거짓의 아비 마귀'의 통치를 궤멸시키는 구속과 새 창조의 사건이다. 그 아들의 속죄와 임재는 그 아들을 믿는 교회 안에 '삼위 하나님과의 영원한 친교, 코이노니아'를 창조해 낸다. 그들의 존재를 통해, 이 '악한 자 아래 놓인 세상' 속에 이미(!) '새 하늘과 새 땅'이 출현한 것이고, 임재하는 것이고, 완성되어 가는 것이다.

그래서 요한일서는 그 서신의 끝에서 세상의 '우상들로부터 자신을 지키라'는 명령으로 마무리된다(요일 5:21). 하나님께로부터 난 자가, 주의 교회를 악한 자로부터 '지켜 주시기' 때문이다. 그리고 이 '지키심과 지킴'이라는 흥미로운 주제는, 요한이서와 요한삼서를 지나 유다서까지 지속된다. 유다서는 그야말로 '지키심과 지킴', 곧 하나님께서 그분의 사랑과 진리로 우리를 지키시기 때문에, 우리도 그 진리와 사랑 안에서 우리 자신을 지켜 내야 한다는 점을 강조한다(유 1:1, 21).

이와 더불어, 요한일서와 유다서의 사이에 놓여 있는 요한이서와 요한삼서는 각기, 교회가 실제 상황 속에서 어떻게 자신을 '지켜 낼 수 있는지'를 구체적인 사례들을 들어 설명해 준다. 요한이서는 그리스도께서 육체로 오신 것을 부인하는 거짓교사들을 상대하는 교회가 어떻게 '진리로써' 자신을 지켜야 하는지를(요이 1:7), 그리고 요한삼서는 겉으로는 진리를 수호하는 것 같지만 실제로는 선교의 열정과 하나님의 사랑을 잊은 디오드레베의 악행을 경고하며(요삼 1:9), 사랑 안에서 자신을 지키는 교회를 격려하고 있다. 이제 야고보서부터 각 권의 주제를 상세히 살펴보자.

VII
일곱 번째 이야기

The Gospel and Message of the Catholic Epistles

VII. 일곱 번째 이야기

야고보서의 복음,
어떻게 누리며 살아갈 것인가?

1. 주제 – '하나님과 세상 사이에서 갈등하는 교회'

전통적으로 야고보서는 '믿음과 행함'의 관계에서 '행함'을 강조하는 서신으로 알려져 왔다. 하지만 야고보서를 이런 식으로 바라보는 관점 자체가, '믿음과 행함'의 문제를 중요하게 다루는 '칭의-구원론'이 배경이 되었기 때문이라 할 수 있다. 마르틴 루터 이후 야고보서를 '지푸라기 서신'(the Epistle of Straw)으로 폄하해 온 것도, 야고보서에는 이신칭의와 같은 견고한 신학적 교리가 발견되지 않기 때문이라는 것이 그 이유였다.

하지만 현대에 와서 문학비평 등의 도움을 받아 신약의 서신을 그 자체로 바라보고자 하는 시도가 많이 일어났고, 야고보서를 야고보서 나름대로 이해하고자 하는 노력들이 생겨났다. 그 결과로, 최근의 학자들은 대체로 야고보서의 가장 큰 신학적 주제가 2장에 나오는 '믿음과 행함'의 문제가 아니라고 본다. 그렇다면 야고보서가 다루는 가장 중심적인 신학적 주제는 무엇인가?

어떤 학자들은 '지혜'라고 말하기도 하고, 또 다른 이들은 '하나님과 벗됨' 또는 '시험과 고난'이나 '참된 경건'이라고 주장하기도 한다. 한편, 그동안 야고보서는 전통적으로 문학적 구조 자체가 없는 그저 잠언(proverb)과 같은 교훈들을 무질서하게 늘어놓은 서신이라고 보는 것이 일반적이었다(M. Dibelius). 하지만 오늘날 야고보서의 문학적 구조도 다양한 방식으로 제시되고 있다.

흥미로운 점은, 야고보서의 신학적 중심 주제나 문학적 구조에 대해 학자들이 저마다 다른 견해를 내어놓기는 하지만, 그럼에도 거의 모두가 동의하는 하나의 일관된 견해(consensus)에 도달했다는 사실이다. 그것은 야고보서의 신학적 중심 주제들과 그 문학적 구조의 핵심적인 열쇠가 '믿음과 행함'의 문제를 다루는 2장이 아니라 모두 1장에 나온다는 판단이다.

야고보서 1장은 야고보서 전체를 여는 '이중 서론'(1:1-11과 12-27절)에 해당하는데, 바로 이 이중 서론 속에 핵심 주제들이 모두 담겨 있다고 보는 것이다. 그중에서도 필자는, 야고보서 1장 8절에 나오는 '두 마음' 혹은 '나뉜 마음'(헬, 디푸쉬코스)이 야고보서가 다루고자 하는 핵심적인 문제 상황을 표현한 것이라고 본다.

이 '나뉜 마음'의 문제는 1장에서는 성도 한 개인의 심령의 차원에서 다루어지지만(1:6, 8), 2장에 오면 공동체 안에서의 '차별과 분리'의 문제로 나타나고(2:4), 3장에 이르면 하나님을 예배하면서 그의 형상으로 지은 바 된 사람을 멸시하는 이중적, 모순적 신앙의 행태 그리고 그런 나뉜 마음에서 나오는 거짓되고 파괴적인 말로 세상 전체를 '지옥 불'에 타게 만드는 '혼돈'의 상황으로 그려진다(3:9, 6, 10). 마지막으로 4장에서는, 교회 안에서 정욕을 따라 구하고 서로 정죄하고 싸우는 모습과 더불어 다시금 '세상과 벗 되는'(4:4) 나뉜 마음, 두 마음(4:8)으로 명확히 표현된다.

바로 이 '나뉜 마음'이, 야고보서가 시작부터 언급하는 '여러 가지 시험들'(1:2)로 인해 생기는 고통스러운 증상의 '원인'이다. 이것이 하나님과 세상 사이에서 갈등하고 나뉜 마음이 시험에 든 교회의 진짜 문제라는 것이다. 그렇다면 왜 이런 나뉜 마음이 생겼을까? 야고보서를 세밀히 살펴보면, 이 '두 마음'은 세상의 부(富)와 그 부를 갈망하는 그리스도인의 비틀린 사랑에 그 뿌리를 두고 있다. 그래서 어떤 학자는 야고보서의 청중이 '가난하지만 부하게 되고자 하는 그리스도인들'이라고 콕 집어 표현하기도 했다(R. W. Wall).

이렇게 야고보서의 신학적 주제를 살피다 보면, 자연스럽게 우리 자신이 떠오르지 않을 수 없다. 우리 자신도 70년대 이후 '예수 믿고 천당 가고, 세상에서는 복 받고, 병 낫고, 성공하는 것'을 신앙의 최고의 목적으로 삼지 않았던가. 그것은 나름, 당시의 가난으로 인한 절망을 극복하게 해 주는 희망의 메시지이기도 했다. 하지만 그 역기능도 심각했다. 교회가 정말 예수 믿고 복 받고 성장하고 잘되었는데, 그 성장과 풍요와 함께 '여러 가지 치명적인 시험들'에 들게 된 것이다. 야고보서 식으로 분석하면, 경제개발 시대의 한국 교회는 '하나님도 사랑하고 세상도 사랑하라'는 '나뉜 마음'을 대놓고 설교한 것은 아니었는지 돌아보게 된다.

2. 복음, 교회론 그리고 윤리적 비전

야고보서는 세상으로부터 오는 부와 재물에 대한 유혹 때문에 나뉜 마음의 시험에 든 교회에게 어떤 해법을 제시하고 있는가? 우선 '인내하라'고 권면한다. 단순하지만 아주 현실적이고 또 그렇게 해야 할 만한 근거가 있기 때문에 주는 처방이다. 성도가 세상을 살면서 그야말로 '여러 가지' 시험을 만나는데, 그럴 때마다 반드시 기억해야 하는 태도가 '인내'해야 한다는 것이다. 야고보서는 이 단순하고도 중요한 처방을 서신의 처음과 끝 모두에서 반복하여 강조한다(1:4, 12, 5:7).

'인내'가 왜 그렇게 중요할까? 교회는 예수 믿고 '행함이 아니라 은혜로 구원받았다'는 '칭의'를 강조하면서도, '인내'가 얼마나 중요한 신앙의 내용인지에 대해 크게 자각하지 못하고 있다. 씨앗을 뿌려서 생명을 심은 것과, 그 씨앗에서 생명이 자라고 열매를 맺는 것은 전혀 다른 과정이다. 씨앗은 단번에 심기지만, 그 심긴 씨앗에서 생명이 자라 나와 꽃피고 열매 맺는 과정은 길고 지난(持難)하며 오랜 시련을 견뎌야 하는 과정이기 때문이다. 인내의 중요성이 여기에 있다.

여러 가지 시험을 맞닥뜨린 성도에게 야고보서가 주는 두 번째 처방은, '지혜'를 구하라는 것이다(1:5, 3:13-18). '구하라'는 말은 '간구하고 기도하라'는 뜻이다. 다만, 주께 간구할 때 무엇보다 지혜를 달라고 기도하라는 것이다. 이것이 시험을 이기기 위해 '인내하는 가장 좋은 방식'이다. 왜 그런가? 이 세상을 통해 악한 자 마귀가 여러 가지 시험으로 신자를 유혹하여 시험에 빠뜨리는 목적은, 어떻게 해서든지 그 신자로 하여금 '하나님께로부터 멀어지게' 만드는 것이기 때문이다.

그래서 시험을 당한 신자는 무엇보다, 하나님의 사랑을 의심하는 상황에 빠지지 않도록 인내해야 한다(약 1:12-13). 비록 욥처럼 거세게 항의하더라도, 하나님의 사랑을 확신하고 그 안에 끈기 있게 거해야 하는 것이다. 시험을 당했을 때, 하나님께 그 문제를 해결해 달라고 구해도 들어 주시지 않을 수 있다. 하지만 우리가 지혜를 달라고 구하면, 하나님은 '후히 주시고 아끼지 않으신다'고 약속하신다. 우리가 우리에게 '가장 필요하다'고 생각하는 것보다 '지혜가 더 필요'하기 때문이다.

그것이 시험을 통해 인내하는 우리를 '온전하고 구비하여 조금도 부족함이 없게' 빚어 가시는 주의 손길을 깨닫는 길이며, 그 인내를 이루어 가면서 장차 받을 '생명의 면류관', 곧 '그 영광스러운 생명'이, 비록 시험을 당하지만 하나님을 신뢰하고 사랑하며 인내하는 그 성도 자신 안에서 매순간 이루어지고 있다는 비밀을 깨닫는 비결이기 때문이다(1:4, 12).

그런데 이보다 더 결정적인 해법이 있다. 그것은 시험에 들어 '마음이 둘로 나뉘는' 성도의 이 심각한 병을 근본적으로 수술하고 치유하시는 '하나님의 주권적 은혜의 역사'에 관한 사실이다. 이것이 야고보서가 선포하는 복음, 곧 기쁜 소식이다. 그것은 무엇인가?

(1) 복음 – '나뉜 마음, 심긴 말씀'

시험에 들어 나뉜 마음에 대한 '하나님의 처방'은, 그렇게 나뉠 수도 있는 그의 심령 안에 '그를 구원할 능력이 있는 하나님의 말씀'을 영원히 심어 놓으시는 것이다. 나뉜 마음 때문에 시험에 드는 사람을 구원할 능력은 '오직 진리의 말씀'에 있다. 그런데 놀라운 소식은, 시험에 든 그 사람을 구원해 낼 능력이 있는 이 '생명의 말씀'이 새 언약의 복음을 듣고 믿어 거듭난 심령 속에 이미 심겨 있다는 것이다.

중요한 사실은, 이 '심긴 말씀'이 예컨대 설교를 듣고 은혜받은 말씀을 내 마음에 새기고 기억하는 정도의 변화가 아니라는 점이다. 야고보서는 1장 18절과 21절에서 이 놀라운 복음을 선포하는데, 18절은 하나님의 주권적이고 객관적인 중생의 역사, 곧 우리를 '거듭나게' 하시는 역사를 기록하면서, 그것을 '진리의 말씀'으로 하셨다고 선포한다. 하나님께서 주체가 되셔서 진리의 말씀, 곧 새 언약의 복음, 예수 그리스도의 복음을 통해 그 말씀을 믿는 자들에게 새 창조의 첫 열매로서의 거듭난 생명을 주셨다는 것이다.

그리고 이어서 나오는 21절은 그 진리의 말씀을 믿고 거듭난 성도의 심령, 곧 그의 영적 생명 안에서 일어난 '결과'를 묘사한다: "그러므로 모든 더러운 것과 넘치는 악을 내버리고 너희 영혼을 능히 구원할 바 마음에 심어진 말씀을 온유함으로 받으라"(약 1:21). 즉, 그의 중생이 진리의 말씀으로 말미암은 것이기 때문에, 그의 거듭난 심령에 바로 그 '중생을 일으킨 그 말씀이 심겨 있다'는 사실을 가리킨다. 이것이 21절의 핵심이다. 그 중생한 성도의 마음이 혹시 시험에 들어 둘로 나뉠지라도, 여전히 그의 심령을 뿌리에서부터 붙들고 있는, 그 거듭난 심령에 '심겨 있는 말씀'에 관한 복음이다.

그러므로 예수 믿는 사람의 심령에 그의 영혼을 구원할 능력이 있는 말씀이, 그의 중생한 심령에 영원토록 심겨 있다는 사실, 이것이 야고보서가 선포하는 복음 곧 기쁜 소식이다. 그의 나뉜 마음이라도 구원해 낼 능력은 오직 '말씀'에 있다. 그런데 놀라운 사실은, 그를 구원할 능력이 있는 그 말씀이 그의 '거듭난 심령 안에 영원토록 심겨 있다'(!)는 것이다. 이 복음의 사실은 다소 생소하게 들리지만, 그만큼 재발견하여 확신으로 받아들일 만한 가치가 충분하다.

통상 사람이 예수를 믿고 거듭남의 역사를 경험했을 때, '죄 사함을 받았다'든지 '하나님의 사랑을 경험했다'든지, 또는 사도 바울이 자주 표현하는 것처럼 '내 안에 그리스도께서 사신다'라든가 '성령이 거하신다'라고 표현한다. 하지만 동일한 거듭남의 사실에 관하여, 지금 야고보서처럼 그의 거듭난 심령에 '생명의 말씀이 심겨 있다'고도 말할 수 있다는 것이다.

믿는 자의 중생을 이렇게 설명하는 방식이 낯설게 들리는가? 혹시 우리에게는 어색하게 들릴지 몰라도, 공동서신의 저자들 곧 예루살렘의 사도들에게는 그렇지 않은 것 같다. 예수 믿고 거듭난 사실을 그렇게 거듭난 심령에 '새 언약의 말씀이 심겨 있다'고 표현하는 것은 야고보만이 아니기 때문이다. 사도 베드로도 신자의 중생을 '썩지 않는 씨앗 곧 살았고 영원한 말씀으로 거듭난 것'으로 설명하기 때문이다(벧전 1:23-25).

한 걸음 더 나아가 사도 요한은 아예 믿는 자 안에 거하시는 예수 그리스도는 태초부터 계신 말씀 곧 '생명의 말씀'이시며(요 1:1; 요일 1:1), 하나님께로부터 난 자들 곧 하나님의 자녀들은 그들 안에 '하나님의 씨' 곧 하나님의 말씀이 거한다고 알려 준다(요일 3:9).

예루살렘의 사도들은 이처럼 신자의 중생을 일관되게 '마음에 심긴 말씀'으로 설명하고 있는 것이다. 이것은 우연인가? 결코 그렇지 않다. 이것은 바로 '새 언약'이 성취된 중대한 결과 중 하나이기 때문이다. 예레미야는 장차 새 언약이 성취되는 그날이 오면, 하나님의 법 곧 그분의 말씀이 옛 언약에서처럼 돌판에 기록되어 있지 않고 새 언약 백성의 심령에 직접 '기록되어 새겨질' 것이라고 예언했다: "그러나 그 날 후에 내가 이스라엘 집과 맺을 언약은 이러하니, 곧 내가 나의 법을 그들의 속에 두며 그들의 마음에 기록하여, 나는 그들의 하나님이 되고 그들은 내 백성이 될 것이라 여호와의 말씀이니라"(렘 31:33).

이 새 언약이 약속하는 대로, 장차 새 언약이 성취될 때에는 하나님께서 자신의 율법, 곧 그 말씀을 새 언약 백성의 '마음에 기록할 것'이라 하셨을 때, 그 '마음'(히. 케레브)은 원문으로는 '심장 또는 창자'를 의미한다. 이는 예레미야가 당시 고대 근동 문화에서 제사장이 이방신에게서 신탁(神託)을 받는 과정을 빗대어 한 묘사에 근거한다. 즉, 어떤 신이 자신의 뜻을 알려 줄 때, 그 가르침의 내용을 제사장이 동물의 창자에 기록하곤 했던 관행을 배경으로 한 것이다(존 H. 월튼, 『교회를 위한 구약성서 신학』, 219-220).

예레미야는 이런 이방 종교의 관행에 빗대어, 장차 새 언약이 성취될 때에는 하나님께서 자신이 계시하시는 새로운 '토라'('가르침')를 자신의 백성의 '심령', 곧 '마음'에 직접 기록하여 나타내실 것이라고 예언한 것이다. 이는 옛 언약에서 하나님의 율법이 돌판에 기록된 것에 비하면 가히 혁명적인 발전이라 할 수 있다. 새 언약 백성에게는 하나님의 말씀이 그들의 거듭난 심령, 곧 사도 바울이 말한 대로 그들의 '심비'(心碑)에 직접 기록될 것이라는 뜻이기 때문이다(고후 3:6).

야고보서는 새 언약이 내다보았던 그 종말의 때가 이르렀고, 이제 예수 그리스도를 믿는 자들에게 그 새 언약의 예언이 성취된 것이라고 선포한 것이다. 그 결과로, 하나님의 말씀은 이제 더 이상 구약의 율법처럼 돌판에 기록되어 있지 않으며, 새 언약이 성취된 지금 하나님의 말씀은 그 아들을 믿고 거듭난 심령, 그들의 거듭난 영적 생명 안에 영원토록 심겨 있다는 것이다. 이제 새 언약 백성에게 하나님의 법, 그분의 말씀은, 모세의 율법처럼 그 백성의 '외부에서' 요구하는 법과 규례, 윤리나 도덕의 모음집으로 존재하지 않는 것이다.

이제 하나님의 법, 그분의 말씀은 마치 '씨앗처럼' 새 언약 백성의 심령에 직접 심겨 있어서, 그들의 새로운 정체성과 신분, 사명을 성취하게 하는 힘과 능력(!), 곧 그들 안에 '내주'(內住)하며 그들을 구원해 내는 능력으로 역사한다는 것이다. 이것이 새 언약의 축복이다. 옛 언약 백성이 그 모든 언약적 은혜와 사랑을 입고도 자신들의 무능(無能)으로 인해 행하지 못했던 순종을, 이제 새 언약이 성취된 시대에는 하나님께서 '그분의 말씀과 그분의 영으로' 친히 자신의 새 백성 안에 거하시며, 그들 안에서 그들과 함께 그리고 그들을 통해, 마침내 이루어 나아가신다는 것이다. 이것이 신약성경이 일관되게 선포하는 새 언약의 놀라운 복음이다(참조. 마 5:13-20; 롬 8:1-6).

(2) 교회론 – '자신 안에 생명의 말씀이 심긴 신자 공동체'

야고보서는 아마도, 로마 변두리에 흩어져 있는 유대인 디아스포라들 가운데서 메시아인 예수를 믿게 된 교회들을 염두에 두면서 기록된 서신일 것이다. 주의 형제 야고보는, 당시 예루살렘에서 유대인 그리스도인들의 총수였다고 해도 과언이 아니다. 그런 그가 당시 로마제국에 흩어져 있는 '열두 지파', 곧 '메시아인 예수를 믿는 새 언약 백성들 전체'에게 편지를 쓰고 있다(1:1).

수신자들은 아마도 모세의 율법을 잘 알고 있었고, 예수님 시대의 바리새인들과 같이 표면상으로는 그 율법적 전통을 열심히 지키고

자 노력하는 자들이었던 것으로 보인다. 야고보서에 "누구든지 말씀을 듣고 행하지 아니하면"(1:23)이라든지 "네가 비록 간음하지 아니하여도"(2:11)라는 표현이나 "누구든지 온 율법을 지키다가"(2:10)라는 표현 등은, 수신자 청중들이 바리새인들의 전통을 따라 그들이 대대로 물려받은 모세의 율법을 지키는 일에 사뭇 진지했다는 사실을 알려 준다.

더구나 그들 가운데 율법을 가르치는 '선생들'이 많았는데(3:1), 그들은 스스로 지혜 있고 스스로 총명 있는 자라고 자랑하면서 도리어 분란과 다툼을 일으키는 자들이었다(3:14). 야고보서가 다루는 수신자 청중들은 겉으로는, 즉 형식적으로는 하나님의 율법을 열심히 지키는 것 같았지만, 바리새인들이 그랬던 것처럼 그들 역시 '방탕과 탐욕'으로 가득했다. 야고보서는 수신자 교회가 세상의 부요함에 대한 동경과 그 헛된 자랑 때문에 마음이 나뉘어 시험에 들고(1:8-10), 믿음의 형제들을 멸시하고 차별하며(2:2-4), 하나님을 찬송하는 혀로 동시에 형제를 저주하는(3:9), 온갖 시험들에 말려든 모습을 보여 준다.

말하자면 그들은 비록 '나는 간음하지 않았다'며 율법을 지키고 있다고 자랑할 수 있었지만, 야고보서는 그들이 가난한 형제를 차별함으로써 실제로는 '살인하는' 것과 같은 죄를 범했다고 질타한 것이다(2:11). 이들은 예수를 믿는다고 고백한 신자들의 공동체였는데(2:1), 여전히 구약의 율법을 지키면서 스스로 의롭다고 여기면서도 실제로는 세상의 온갖 탐욕과 방탕, 헛된 자랑과 시기, 교만과 정죄, 차별과 다툼 속에 휘말리는 교회였다(4:1-4, 11-17). 야고보가 세상의 불의

한 부자들 위에 떨어질 불과 같은 심판을 선고하는 장면은(5:1-6), 사실상 '율법을 지킨다 하면서도 세상 사람들과 전혀 다르지 않은 교회' 안의 형식적인 신자들더러 들으라고 하는 경고이기도 하다.

그렇다면 야고보는 율법을 갖고 있는 것을 자랑하고 그것을 지킨다고 생각하지만 실제로는 아무런 경건의 내용도 능력도 없는 '마른 뼈' 같은 신자들을 향해 과연 어떤 '해법'을 제시하는가? 그 해법이 바로 1장 18절, 21절에서 선포한 새 언약의 복음이다. 저들이 예수를 믿는다면, 그것은 그들이 듣고 믿는 그 새 언약의 복음과 새 계명이 모세의 율법처럼 돌판에, 곧 그들의 '밖'에, '외부'의 어딘가에 기록된 것이 결코 아니라는 것이다.

오히려, 비록 '시험에 들어 둘로 나뉜 그들의 심령'이라도 그것을 치유하고 회복할 능력이 있는 그 새 언약의 말씀, 그 생명의 말씀은, 그들이 믿고 '거듭난 그들의 심령 안에 이미 심겨 있다'는 사실이다. 마치 생명이 있는 씨앗이 밭에 떨어진 것처럼, 그 '생명의 말씀'의 씨앗이 싹을 틔우고 꽃을 피우고 열매를 맺는 것을 방해할 수 있는 것은 결국 아무것도 없다는 것이다.

그들 안에 심겨서 그들의 영혼을 구원할 말씀의 능력은, 그들의 나뉜 마음을 치유할 뿐 아니라 결국 그들의 죄나 죽음의 현실도 극복할 것이기 때문이다. 그것을 믿으라는 것이다. 그래서 '너희 안에 심긴 그 말씀'을 '온유함으로 받으라'는 것이다. 바로 여기로부터 '참된 경건', 곧 '세상을 이기는 살아 있는 경건'이 생겨난다는 것이다.

그것이 곧 고아와 과부를 그 환난 중에 돌아보는 '긍휼', 곧 말로만

하는 것이 아니라 행함이 따르는 '참된 긍휼'이다. 그것은 또한 그들 안에 심겨 있는 거룩하고 의롭고 생명과 사랑이 충만한 그 말씀이 그들의 혀를 다스림으로써 나오는 '진실하고, 참된 말'의 습관이며, 그것은 무엇보다 세상의 더러운 탐욕과 헛된 자랑을 물리치게 하여 세상으로부터 그들을 지켜 주는 '정결'의 능력이다(1:26-27).

야고보는 그의 서신에서 이 '세상을 이기는 경건', 곧 '마음에 심긴 말씀'이 그 중생한 신자 안에서 창조하고 빚어내는 이 '참된 경건'의 내용을 순차적으로 설명하는데, 먼저 2장에서는 '긍휼의 행함'을, 3장에서는 '위로부터 오는 지혜'를 담은 '말'의 중요성을, 그리고 4장 1절에서 5장 6절까지는 세상의 탐욕과 불의와 헛된 자랑의 유혹을 이겨 내는 '정결', 곧 종말과 이웃을 기억하는 지혜에서 나오는 경건을 설명한다. 야고보서의 문학적 구조는 이런 식으로 형성되는 것이다.

(3) 윤리적 비전 – '말씀으로 치유된 말'로 회복되는 성도, 공동체, 세상

그렇다면 야고보서는, 이 '마음에 심어진 말씀'의 복음을 어떻게 누리며 어떻게 살아 내라고 가르치는가? 성도가 행해야 하는 윤리는 그가 받은 복음에 기초한다. 그리고 하나님의 요구는 하나님께서 주권적으로 베푸시는 은혜를 전제하며, 그 은혜는 항상 그분의 요구에 앞서 온다. 은혜받지 않고 은혜를 흘려보낼 수 없기 때문이고, 사랑을 받지 않고 사랑할 수가 없기 때문이다. 야고보서가 요구하는 신자의 윤리는 그래서 그가 받은 복음, 곧 '마음에 심어진 말씀'을 믿고 그 살아 있는 말씀을 온유함으로 받아들이며 누리는 데에서 시작한다.

야고보서 1장 21절은 이런 점에서 야고보서에서 가장 핵심적인 구절이다. 여기에 야고보서의 복음과 윤리가 모두 요약되어 있기 때문이다. 야고보서가 전하는 기쁜 소식은, 당신이 세상에서 혹시 시험을 받아 지금 '마음이 나뉘어져' 있다고 해도 결코 낙심하지 말라는 것이다. 왜냐하면 그런 당신의 나뉜 마음이라도 '능히 구원할 말씀'이 '예수를 믿는 당신의 심령 안에 이미 심겨져 있기' 때문이다. 그래서 세상의 여러 가지 시험을 맞닥뜨린 신자는 이 '마음에 심어진 말씀의 복음'을 굳게 붙들어야 한다.

이것은 당신이 예수 그리스도의 복음을 듣고, 성령의 거듭나게 하심으로 죄 사함을 받고 영적 생명을 받아, 하나님을 아버지로 부르기 시작한 순간부터 영원토록 변하지 않는 복음의 사실이다. 당신이 비록 시험에 들어 나뉜 마음으로 시달릴 때에도, 당신의 거듭난 심령 안에 심겨 있는 그 생명의 말씀은 여전히 당신의 나뉜 마음을 치유하고 '하나'로 회복하여 살려 낼 수 있는 능력의 말씀이다. 그것은 하나님께서 오직 그 아들의 죽으심과 성령의 역사하심으로 믿는 당신 안에 일으키신 전적으로 '주권적인 은혜의 선물'이기 때문이다.

그렇다면, 당신은 아무것도 하지 않아도 되는 것인가? 결코 그렇지 않다. 하나님의 언약이 모두 그분의 주권적인 은혜의 선물로 시작하지만 언젠가 그 언약에서 언약 백성이 행하여야 할 계명과 요구를 수반하는 것처럼, 지금 야고보서가 선포하는 새 언약의 복음에는 그에 합당한 계명, 요구가 따라온다. 즉, 언약에서 요구가 따라오지 않는 은혜는 없으며, 그것은 새 언약도 마찬가지이다. 새 언약의 새 계명을 순종하는 것이 새 언약의 은혜를 받는 '조건'은 아니지만, 그 새 언약의 은혜를 받은 자의 '증거'로서 요구되는 것이다(참조.『신약성경의 이해』, 81).

야고보서는 그것을 1장 21절에서, '온유함으로 받으라'고 표현한다. 즉, 하나님께서 주권적 은혜의 능력으로 너희 안에 심어 놓으신 그 말씀을, 꾸준히, 지속적으로, 온유하게 받고 또 받으라는 것이다. 만일 야고보서의 이런 복음과 가르침이 주의 교회에 지속적으로 들려지고 가르쳐지면, 성도들은 자신들 안에 심긴 말씀의 위력, 그 생명의 능력을 점점 더 확실하게 깨닫게 될 것이다. 성도는 단지 거듭남을 알고 있을 뿐 아니라, 자신의 그 거듭난 심령과 분리할 수 없는 방식으로 하나님의 생명의 말씀이 심겨 있다는 사실을 확신함으로써, 세상과 세상으로부터 오는 시험을 인내하고 이겨 낼 영적인 근거를 갖게 된다.

우리 안에 심겨 있는 그 '구원의 능력을 발휘하는 말씀'은 세상을 창조한 말씀이고, 세상을 심판하는 말씀이며, 세상을 이기는 새 창조의 능력이기도 하기 때문이다(참조. 요일 1:1-2). 더 나아가, 자신 안에 그 '생명의 말씀이 심겨 있다'는 사실을 알고 있는 성도는, 그 말씀의 생명이 발현되어, 거기서 영적 생명의 싹이 나고 꽃이 피기까지 인내하는 것이 단지 고된 일이 아니라, 매순간 그 말씀의 생명을 누리고 그 확실하고 영원한 생명의 열매를 기다리는 '즐겁고 황홀한 인내'라는 사실을 깨닫게 될 것이다(약 1:4, 12).

율법주의를 상대하여 '율법의 행함이 아니라, 그리스도를 믿음으로 의롭다 함을 얻는' 은혜를 선포하는 칭의의 교리 안에서 다시 '행함'을 강조하고 정당화하는 작업은 논리적으로나 신학적으로 그리 쉬운 일이 아니다. 율법의 행함이 아닌 오직 믿음으로 의롭다 하심을 입는 칭의를 강조하면, 칭의의 선물을 받은 성도가 어떻게 다시 행함을 따라 살아야 하는지에 대해 복잡한 설명이 주어져야 하기 때문이다.

그러나 통상 논란이 되는 '믿음과 행함' 사이의 대립 관계를 야고보서 식으로 이해하면, 오히려 '순리적이고 영적으로 자연스러운 과정'으로 받아들일 수 있게 된다. 살아 있는 씨앗을 땅에 심었다면, 거기서 싹이 나는 것은 당연하고 자연스러운 과정이기 때문이다. 이와 마찬가지로, 살아 있는 믿음은 그 믿음을 통해 그의 심령에 심긴 말씀의 자연스러운 발현(發現) 또는 행함으로 이해되는 것이다. 믿는 자의 '행함'은 믿음으로 받아들인 말씀의 생명력을 따라 열매 맺는 '믿음의 행함'이라는 사실이 선명하기 때문이다.

그러므로 만일 밭에 씨앗을 뿌렸는데 싹이 나지 않는다면, 그 씨앗은 죽은 것이거나 애초에 씨앗을 뿌린 적이 없는 것이 아니겠는가. 이처럼 야고보서가 선포하는 새 언약의 복음에 의하면, 신자가 믿음으로 복음을 받고 주 예수 그리스도를 받았다면 그의 거듭난 심령에는 죄와 죽음과 허무를 이긴 생명의 말씀이 심겨 있는 것이다(렘 31:33). 그의 속이 아무리 더럽고 썩어지고 허무한 것들로 가득하다고 한들, 그 거룩하며 살았고 영원한 말씀이 그 중생한 신자 안에서 거룩과 의와 생명과 사랑의 역사를 일으키고 열매 맺지 않을 수 없는 것이다.

그렇다면 어떻게 하는 것이 '구체적으로' 우리 안에 심긴 말씀을 '온유함으로 받는' 것인가? 우선, '온유함'이라는 영적 정서에 주목할 필요가 있다. 야고보서가 말하는 온유함은 '위로부터 오는 지혜'의 두드러진 특징으로 묘사된다. 시험을 만나 인내하고자 할 때, 하나님께 구하여 지혜를 얻고자 할 때, 그것이 하나님께로부터 온 것인 줄 알게 하는 특징, 즉 위로부터 오는 지혜가 동반하는 특징이 '온유함'임을 아는 것은 시험을 이기게 하는 참된 지혜의 진위(眞僞)를 분별하는 데에 큰 도움이 된다.

반면에, 위로부터 오지 않고 세상적이요 마귀적이고 정욕적인 지혜도 있다. 이런 악한 지혜의 특징은 지혜로워 보이나, 사실은 독한 시기와 다툼과 거짓 그리고 헛된 자랑을 '동반'하며 사람과 공동체를 파괴한다. 그러므로 위로부터 오는 지혜의 특징이 온유하다는 것은, 하나님께로부터 오는 지혜는 성결하고 화평하고 관용하고 양순하며 긍휼과 선한 특징과 그러한 열매가 가득해서 의와 화평을 만들어 내는 힘이 있다는 뜻이다(약 3:13-18).

즉, 지혜나 지식을 대할 때 그 지혜나 지식이 동반하는 '영적 정서'와 결국 그것이 가져오는 '열매'를 주목하여 보고 그것들로 판별하라는 것이다. 예를 들어, 어떤 설교를 듣거든 그 설교자가 사용하는 용어들, 예컨대 '보혈, 십자가, 능력, 성령, 천국, 축복, 예배' 등 좋은 말만 듣지 말고, 그 설교의 결과로 듣는 이들의 심령에 끼치는 '영적인 정서'와 그렇게 해서 열매 맺게 하는 '덕(德)들'이 무엇인지 점검하고 확인해 보라는 것이다.

만일 성경에 있는 그럴듯한 용어들이 다 들어 있는 어떤 설교를 들었는데, 그 설교가 실제로는 듣는 이들의 마음에 '세속적 탐욕'을 일으키고 '헛된 자랑과 비교의식'을 자극하는 것이라면, 그런 설교, 그런 지혜는 '하늘로부터 온' 것이 아니라, 세상적이요 정욕적이요 마귀적인 것이라고 의심할 수 있다는 것이다. 하나님께로부터 온 지혜는 듣는 이의 심령에 그런 악덕들이 아니라, 성결과 화평, 사랑과 인내, 진실함과 모든 선한 덕들을 불러일으키고 그런 선한 열매들을 맺게 하기 때문이다.

하늘로부터 온 지혜는 특징적으로 '온유함'의 덕을 끼치고 그런 온유함의 영적 정서와 함께 주어진다. 성경에서 온유함이란 원래 하나님의 뜻을 따르고자 원하기 때문에 악(惡)을 견뎌 내는 강인한 힘을 가리킨다. 온유한 자가 땅을 차지하는 것은 그가 하나님의 뜻을 포기하지 않고, 악을 악으로 갚지 않고, 하나님의 말씀을 따라 신실하게 하나님을 바라고 견디어 기다리기 때문이다(마 5:5).

위로부터 오는, 즉 하나님께서 우리에게 부어 주시는 지혜 역시, 그것이 자기 속에서 솟아나오는 악이든지 또는 시험 중에 만나는 악이든지 그런 악을 견디어 내는 강인한 인내를 만들어 내어, 결국 의와 화평과 생명의 충만이라는 선한 열매를 맺게 하는 온유함을 그 특징으로 하는 것이다. 그래서 시험을 만난 성도는 하나님께 지혜를 구하고(약 1:5), 위로부터 오는 그 지혜의 온유함으로 인내하며 온전함에 이르는 열매를 맺어야 한다.

온유함을 동반하는 참된 지혜는 '하나님께 간구함으로써 위로부터' 주어진다. 하나님께 간구한다는 것 자체가, 하나님 앞에서 자신을 낮추는 마음을 의미한다. 야고보서는 시험당한 자들에게 "하나님께 순복(개역, '복종')할지어다. 마귀를 대적하라. 그리하면 너희를 피하리라. 하나님을 가까이하라. 그리하면 너희를 가까이하시리라"고 권면한다(약 4:7-8).

이것이 시험 앞에서 '나뉜 마음'을 '성결하게' 회복하는 비결이다. 나뉜 마음이 '깨끗해진다, 거룩해진다'는 것은 단지 마음을 더럽힌 죄를 회개한다는 뜻이라기보다, 이 문맥에서는 그 두 마음이 다시 합쳐져서 하나님의 뜻을 받아들이기에 내적인 갈등이 없는 '하나의 마음, 곧 전심(全心)'으로 회복된다는 뜻이다. 마음은 여러 갈래로 나뉠 때, 더럽혀지고 힘을 잃기 때문이다.

이런 일은 신자가 비록 나뉜 마음으로 시험 중에 있다 하더라도 자신이 '하나님께 순복'할 때에 일어난다. 하나님께 순복한다는 것 또는 '주 앞에서 낮추는' 것(약 4:10)은, 신자가 하나님 앞에서 서야 할 원래의 위치, 곧 주 앞에서 자신의 자리로 돌아간다는 뜻이다. 그것이 성경적 의미의 '겸손'이다. 그분께서 '주'(主)이시다. 내가 '주'가 아니고 '심판주'가 아니라는 사실을 인정하고, 그분께 순복해야 하는 내 자리로 돌아가는 것이다.

그런 겸손이 주어질 때 시험을 이길 힘, 마귀를 대적할 능력, 곧 악을 대하여 악으로 갚지 않고 하나님의 능력으로 이겨 내는 '온유함'을 얻게 된다. 내가 주 앞에 엎드릴 때, 나를 상대하던 마귀는 돌연히 내 앞에 서 계신 '주이신 하나님'을 상대하게 되기 때문이다. 여호와의 군대장관 앞에서 신을 벗고 엎드렸던 여호수아가 승리했던 비결이 여기에 있다. 주께서는 자신에게 엎드리는 자를 위하여 마귀를 대적하고 싸워 제압하신다.

마귀를 대적하고자 하는 자는, 자신을 주 앞에서 낮추는 것이 승리하는 비결임을 알아야 한다. 주께서 "나는 마음이 온유하고 겸손하니 나의 멍에를 메고 내게 배우라"(마 11:29) 하신 그대로이다. 악을 이기는 '온유'는 주 앞에서 낮추는 '겸손'에서 나온다. 하나님의 뜻 앞에서 그분께 순복할 수 있을 때, 즉 주 앞에서 우리 자신을 낮추어 우리가 원래 서야 하는 그 자리에 설 때에 시험을 이길 능력, 곧 악을 대적하여 승리할 온유가 우리에게 주어진다. 그런 믿음의 겸손함에서부터 오는 강력한 온유함이 있다면, 우리는 믿음의 형제를 차별하게 만드는 세상의 탐욕과 헛된 자랑의 유혹 또한 거절할 능력을 갖게 될 것이다.

그런 지혜의 온유함이 있다면, 우리는 하나님의 뜻을 그저 말로만이 아니라 긍휼의 행함으로 나타내는 일에 막힘이 없게 될 것이다. 그의 나뉜 심령이 다시 '전심'(全心)으로 회복되어 그 하나 된 마음 안에 충만한 하나님의 뜻을 온유함으로 행할 때, 무엇보다 그의 말은 그의 심령에 심긴 말씀을 따라 깨끗하고 살리는 말이 될 것이기 때문이다. 야고보서는 우리의 공동체가 우리의 말, 타락한 말, 세상적인 말, 마귀적이고 정욕적인 '말'로 인해 지옥 불이 붙은 것처럼 불타고 파괴되고 있다고 경고한다(약 3:2-12).

그렇게 '말씀을 떠난 말들'로 더럽혀지고 파괴되는 공동체는 거꾸로, 그들 안에 심어진 말씀에 따라 그들의 말이 온유하고, 깨끗하고, 의롭고, 살리는 말로 치유될 때에(5:12-14) 비로소 죄의 고백과 기도 그리고 찬송과 감사의 공동체로 회복된다. 그들은 그들 안에 심겨 있는 말씀, 곧 진리로 인해 다시금 생명의 길, 곧 열매 맺는 길로 돌아오게 된 자들이다(5:20).

그러므로 야고보서가 강조하는 영성은 '말씀'의 영성이고, 그 말씀으로 회복된 '말'의 영성이다. 성도 안에 심겨져 있는 생명으로 역사하는 구원의 말씀은, 그 말씀으로 변화된 성도의 말을 통해 공동체 안에서 '긍휼의 법, 자유의 법, 새 언약의 계명'을 이루게 한다. 자신 안에 심겨 있는 말씀이 긍휼이 가득한 말씀이니, 그 말씀으로 변화된 그의 말은 이웃과의 관계에서도 긍휼의 행함을 가져오는 진실한 말이 된다.

이렇듯 '마음에 심긴 그 말씀'은, 이 세상 한복판을 살아가는 성도에게 '위로부터 오는 지혜'로 드러난다. 온갖 거짓말과 남을 죽게 하는 말 그리고 헛된 자랑으로 가득한 세상에서, 그의 안에 심겨 있는 말씀과 긍휼의 법은, 위로부터 오는 지혜가 되어, 그가 살아가는 세상 한복판에서 그로 하여금 '의와 화평'을 만들어 가게 하는 강력이 된다.

야고보가 해석한 이 세상은 하나님의 말씀을 떠난 인간의 말의 거짓됨과 더러움, 불의함과 살의(殺意), 거기서 뿜어져 나오는 악으로 인해 지옥 불이 옮겨 붙어 활활 타들어가 무너지는 세상이다(3:6). '오호라, 곤고한 세상이여! 누가, 무엇이 이 거짓되고 파괴적인 말로 인해 지옥 불로 타고 있는 이 세상을 건져 낼 수 있다는 말인가!' 야고보는 이렇게 탄식했을 법하다. 여기에 '말씀의 우주관'이라고 부를 수 있을 만한 야고보의 독특한 시각이 있다.

야고보는 이 세상이 이렇게 혼돈스럽고 거짓되고 파괴되어 가는 원인이 '거룩하고 의롭고 생명이 가득한 하나님의 말씀을 떠난 인간의 말, 그래서 지옥 불이 붙어 있는 말' 때문이라고 보고 있다. 그리고 바로 이 때문에 야고보의 구원론도 독특하게 '말씀의 회복'이라는 관점에서 설명되는 것이다.

나뉜 마음으로 인해 시험에 든 개인의 구원이 그의 거듭난 심령에 '심어진 말씀'(1:21)에 있다든지, 차별로 파괴되어 가는 공동체를 회복하는 능력이 '자유의 온전한 율법'(1:25, 2:12)에 있다는 사실, 그리고 지옥 불에 타고 있는 세상을 의와 화평으로 회복하는 능력이 '위로부터 오는 지혜'(3:17)에 있다고 보는 시각 자체가, 이 모든 타락과 부패의 원인이 '말씀의 상실, 부재(不在)'에 있다는 성경적 관점에 근거하는 것이다.

야고보는 구약 창세기의 관점에 따라 애초에 모든 원인이 첫 사람 아담이 실패했던 것처럼 '하나님의 말씀을 떠난 거짓된 말'에 있기 때문에, 그 해법도 구원도 '사람의 말을 회복하는 하나님의 말씀'에 있다고 본다. 이렇듯 야고보는 이 세상의 근본적인 문제를 진단하고 그 해법을 제시하는 시각 자체가 '언약적'이다. 선악과 앞에서 하나님의 말씀을 버림으로써 타락한 인류의 구원은, '그 말씀이 믿는 자의 심령에 심어지는' 새 언약을 따라 회복된다고 본 것이다.

이것이 야고보서의 '말씀과 말의 신학'의 요체이다. 말씀이 개인과 공동체와 세상을 회복하고 구원하고 완성하는 하나님의 해법이요 생명의 능력인 것이다. '세상을 치유하고 회복하는 말씀의 능력'을 강조하는 야고보서의 복음과 교회론 그리고 그 윤리적 비전이 빚어내는 영성의 면면(面面)이 여기에 있다.

결론적으로 야고보서 1장 21절은, 야고보서의 복음과 윤리가 요약되어 있는 핵심 본문이다: "그러므로 모든 더러운 것과 넘치는 악을 내버리고 너희 영혼을 능히 구원할 바 마음에 심어진 말씀을 온유함으로 받으라." 세상 속에서 교회가 마주하는 여러 시험들 때문에 나뉜 마음을 치유하고 회복하고 구원할 능력은 오직 '말씀'에 있다. 그런데 새 언약의 놀라운 복음은, 그 능력의 말씀이 바로 믿는 자의 '마음에 심어져' 있다는 사실이다. 그것은 오직 하나님의 주권적 은혜의 역사이다.

이제 신자는 주의 은혜로 '마음에 심어진 말씀'을 적극적으로, 온유함으로 받아들여야 한다. 그렇게 받아들인 결과가 '세상을 이기는 참된 경건'이며, 야고보는 그 '살아 있는 경건'을 첫째 '긍휼', 둘째 '회복된 말' 그리고 마지막으로 '세속을 이기는 정결'로 표현한다(1:26-27). 야고보서는 바로 이 '세상을 이기는 참된 경건'의 세 가지 항목을 따라 서신을 구성하는데, 크게 보아 2장은 '긍휼'에 관하여, 3장은 '말'에 관하여, 그리고 4장 1절에서 5장 7절까지는 '세속에서 자신을 지키는 정결'에 관하여 설명한다. 그리고 마지막으로 5장 8절에서 20절까지 다시 한번 '인내'를 강조하면서, '긍휼과 말과 정결이 회복된 공동체'를 묘사하며 진리의 말씀으로 돌이킬 것을 강조하는 것이다.

　우리는 자주 시험당하는 우리의 마음과 우리의 삶, 그리고 이 세상을 바라볼 때, 과연 '말'이나 '말씀'이 얼마나 중요한 지위와 역할을 가지고 있는지를 충분히 주목하고 돌아보아야 한다. 생각해 보면, 이 세상에서 '거짓말'보다 파괴적인 것이 없다. 정치인의 거짓말, 회사 고용주의 거짓말, 믿었던 교역자의 거짓말, 사랑하는 사람의 거짓말 등 실로 거짓말은 우리의 삶을 파괴하는 가장 강력한 세력 가운데 하나이다. 그것은 이 세상이 악한 자 마귀 아래 있기 때문이며, 그 악한 자의 별명이 '거짓의 아비'라는 사실과 직결되어 있다(요 8:44).

　그래서 우리는 삶의 모든 영역에서 '말' 특히 '거짓말'을 심각하게 다루어야 한다. '더러운 말, 죽이는 말, 허무한 말'들도 우리의 삶을 파괴한다. 이는 모두 죄나 죽음이나 하나님 없는 허무의 강력에서 뿜어져 나오는 말들이다. 이런 말들이 우리의 삶을 더럽히고 죽이고 허무하게 만들고 파괴한다. 야고보서는 이런 '지옥 불에 붙은 말들'을 진압하고 다스릴 '살리는 생명의 말씀'의 복음을 전하고 있다. 우리의 영혼을 구원할 능력이 있는 '말씀', 긍휼과 의와 생명이 가득한 살리는 말씀이 믿는 자의 심령에 '이미 심겨 있다'는 것처럼 놀라운 복음이 또 있을까!

　그렇게 '마음에 심어진 말씀'은, 세상을 살아가며 때로 더럽혀지기도 하고 죽어 가기도 하며 혹은 허무에 휘둘리기도 하는 우리의 마음 안에서 그 '나뉜 마음'을 치유하고 다시 '전심(全心)'으로 회복하는 능력으로 역사한다. 참으로 놀라운 복음이다. 예수님께서 '천국 복음'을 선포하시면서, 하나님의 나라는 사람이 밭에 씨앗을 뿌림과 같다고 하신 그대로이다. 새 언약이 성취된 결과로 이 땅에 전격적으로 임하게 된 하나님의 나라는, 이와 같이 우리 안에 심어진 '생명의 말씀'의 역사와 더불어 진행되는 것이다. 이런 면에서 야고보서는 예수님의 '씨 뿌리는 자의 비유'에 대한 초기 교회의 정통적인 이해를 반영하는 대표적인 서신이라고 할 수 있을 것이다.

VIII 여덟 번째 이야기

The Gospel and Message of the Catholic Epistles

VIII. 여덟 번째 이야기

베드로전서의 복음, 어떻게 누리며 살아갈 것인가?

1. 주제 – '세상 속의 교회'

공동서신이 하나의 일관된 주제를 가진 정경모음집이라면, 그 첫 책으로 나오는 야고보서는 공동서신의 서론 역할을 한다. 실로 야고보서가 제시하는 주요한 문제 상황이라고 하는 그 '여러 가지 시험들'은, 베드로전서에서도 다시 한번 언급되는 공동서신의 일관된 주제이다(벧전 1:6). 이렇듯 두 서신의 인사말이 가리키는 바는, 당시 로마제국이라고 하는 거대하고 유혹적이고 위협적인 세상을 맞닥뜨리고 있었던 교회의 현실적 상황을 다룬다.

야고보서의 주제가 '하나님과 세상 사이에서 갈등하는 교회'라면,

베드로전서의 주제는 여기에서 한 걸음 더 나아간다. 야고보서와 베드로전서를 정경적으로 연속해서 읽으면, 하나의 의미 있는 질문이 떠오르게 된다. 야고보서가 교훈하는 것처럼, 만일 하나님과 세상 사이에서 하나님을 사랑하는 '전심'을 회복하고 시험을 이긴 교회라면, 그런 교회는 이제 세상을 어떻게 대하며 또한 그 세상 속에서 어떻게 살아가야 하는 것일까?

베드로전서는 이에 대한 답을 제시한다. 실로 베드로전서는 '세상 속의 교회'라는 주제가 잘 어울리는 내용들을 전개하고 있다. 어떤 학자는 베드로전서를 관통하는 중심 질문이 있는데, 그것은 '과연 교회는 로마를 어떻게 상대해야 하는가?'('What do to with Rome?')라고까지 말한 적이 있다. 그만큼 베드로전서는, 1세기 당시 로마제국의 변두리 지역에 흩어진 소수의 그리스도인들이(1:1) 유대교와 예루살렘 성전을 뒤로 한 채 기독교에 적대적인 이방인들에게 둘러싸인 상황에서 어떻게 하나님의 새 언약 백성으로 살아가야 할지 고민하는 것에 대한 신학적이고 목회적인 답변인 것이다.

특별히 베드로전서는 새 언약 백성이 받은 예수 그리스도의 복음을 당시 로마제국을 배경으로 재해석하고(1:3-21), 교회가 이방인들 속에서 살아가는 여행자요 제사장 공동체라는 교회론을 정립하며 (1:22-2:10), 이에 부합하는 전략적인 윤리적 비전과 세부적인 지침들을 제시한다(2:11-5:11). 여기서 다시 한번, 야고보서와 베드로전서의 관계를 생각해 보자. 두 서신이 공동서신이라는 정경모음집 안에서 연속적으로 배열된 것이 당시의 교회들을 위한 '목회적이고 신학적인 관심'에 따른 것이라면, 두 서신이 앞뒤로 배열된 것 자체가 오늘날 우리에게도 의미심장한 교훈을 줄 수 있기 때문이다.

우선, 야고보서가 말하는 것처럼 유혹적이고 위협적인 세상을 맞닥뜨리고 있는 교회가 '하나님과 세상 사이에서 갈등하는 두 마음'을 갖고 살아간다면, 그런 교회는 세상에서 오는 '여러 가지 시험들'로부터 쉽게 빠져나오지 못할 것이다. 하나님도 사랑하고 세상도 사랑하자는 식으로 설교하고 가르치며 믿고 사는 교회는, 결국 성도에게 '나뉜 마음'을 공개적으로 가르치는 셈이기 때문이다. 세상의 올무에 걸려들어 시험에 들고 발목이 붙잡힌 교회가, 어떻게 그런 세상을 '여행자처럼, 순례자처럼 지나갈 수 있겠는가?

사실, 예수 믿고 복 받지 않기가 어렵다. 예수 믿으면 '어쩔 수 없이' 복을 받는다. 하지만 교회가 '예수 믿고 세상에서 복 받는 것을 주된 복음이요 성공한 신앙'으로 가르치면, 그 결과로 얻은 세상 복이 혹시 불의하고 불법적이고 그래서 하나님과 교회와 세상 앞에 덕(德)을 무너뜨리는 경우라도 그런 신앙은 결코 그 세상 복을 놓을 수 없을 것이다. '예수 믿고 받은 복'을 놓으면 '예수 잘 믿은 증거'가 없어지기 때문이다. 그래서 예수 잘 믿은 증거를 '세상 복 얻는 것'에서 찾는 신앙은 결국 시험에 들고, 세상 앞에서 하나님의 이름을 땅에 떨어뜨리며, 교회의 덕을 무너뜨리고 그 시험이 주는 고난과 수치에서 나오지 못하게 된다.

야고보서가 진단하는 것처럼 하나님도 사랑하고 세상도 사랑해서 '나뉜 마음'으로 '시험에 든 교회'가, 쉽사리 베드로전서에서 가르치는 '세상 속의 교회', 즉 세상을 '거류민과 나그네'처럼(2:11) 지나가는 교회가 될 수가 없다는 것은 자명한 교훈이다. 더 나아가, 이렇게 하나님과 세상 사이에서 마음이 나뉜 교회가, 세상 한복판에서 하나님을 모르는 세상 사람들도 인정하는 '선한 양심과 선한 행실'로써 그들을 하나님께로 인도하는 '제사장 공동체'(2:9-10, 12-25, 3:9-12, 16-18)의 삶을 살아 내는 사명에 좌초하게 된다는 것도 자명한 이치이다.

정경적 순차로 볼 때 야고보서가 베드로전서 앞에 놓이는 것이 적절하게 여겨지는 이유가 여기에 있다. 말하자면, 베드로전서가 가르치는 세상에서 거류민과 나그네요 또한 세상을 하나님 앞으로 인도하는 제사장 공동체인 교회(벧전 2:9; 참조. 출 19:5-6)가 되려면, 무엇보다 먼저 야고보서가 요구하는 '전심(全心)의 교회'가 되어야만 하기 때문이다. 그러니까 정경적으로 보면, 야고보서가 주는 '마음에 심긴 말씀'의 복음을 제대로 누리고 회복된 교회라야, 그 다음에 '세상 속의 교회'를 위해 베드로전서가 주는 복음과 교회론 그리고 윤리를 소화할 수 있다는 뜻이 된다.

이렇듯 야고보서와 베드로전서의 연속적인 정경적 배열은, 그 신학적 주제들과 함께 오늘날의 교회에게 강렬하고 적실한 메시지를 던진다. 한국 교회는 1970년대 이후부터 최근까지 경제 성장과 더불어 외쳐 왔던 그 '잘살아 보세'의 복음, '예수 믿고 부자 되세요'로 귀결되는 그 복음이 일부 긍정적인 측면이 있었더라도, 결국 교회를 시험 들게 했던 축소되고 왜곡된 복음이 아니었는지 진지하게 돌아보아야 하기 때문이다.

오늘날 우리는 세상 속에서 거류민과 나그네 된 교회로서, 세상에서 선한 행실로 이방인들로 하여금 하나님께 영광을 돌리게 하고, 그래서 그들을 하나님께로 인도하는 제사장의 역할에 충실하게 성공하고 있는가?(벧전 1:12, 3:16) 혹시 우리가 이런 특권과 사명을 잊은 채 실패를 거듭하는 사이에, 세상은 더욱더 교회에 대한 비호감과 적대감을 드러내고 있는 중은 아닌가?

물론 이런 상황에서도 복음은 '때를 얻든지 못 얻든지' 항상 힘 있게 전파되어야 한다. 교회에 대한 세상 사람들의 실망이 크지만, 그들 속에 있는 은혜와 은혜의 세계를 바라는 복음에 대한 갈망은 언제나 그것보다 더 크기 때문이다. 하지만 그와 동시에 우리는 교회를 치유하고 앞으로 나아갈 수 있는 확실한 길을 찾아야 한다. '세상 속의 교회'를 향한 베드로전서의 해법이 적실한 이유가 여기에 있다.

무엇보다 우리는 그동안 우리가 왜곡하거나 축소해 왔던 복음을 온전하게 회복해야 한다. 우리가 받은 예수 그리스도의 복음은 말할 수 없이 영광스럽고 능력이 있다. 우리는 그 온전한 복음 위에 세워진 온전한 교회를 소망하고, 교회의 잃어버린 영광을 되찾아야 한다. 공동서신이 제시하는 복음과 교회론은, 구원은 확신하지만 세상의 '여러 가지 시험들'에 빠진 우리 교회들에게 적실한 진단과 해법을 제시한다. '오직 성경으로, 전체 성경으로' 돌아가야 한다. 주의 말씀에 답이 있고, 길이 있기 때문이다.

2. 복음, 교회론 그리고 윤리적 비전

사도 베드로는 로마제국의 변두리였던 아나톨리안 반도에 흩어져 있는 성도들에게 편지하고 있다(1:1). 그들은 주로 유대교의 율법주의와 상대하고 있었던 것이 아니라, 로마제국이라고 하는 거대하고 유혹적이며 위협적인 세상과 상대했던 성도들이다. 그래서 베드로전서는 로마서나 갈라디아서에서 보는 것처럼 '율법과 복음'의 문제, '율법의 행함이냐, 그리스도를 믿음이냐'와 같은 논쟁을 다루지 않는다.

그 대신, 로마제국에 흩어진 나그네와 거류민들로서(1:1, 2:11, 4:1-2, 5:9) '세상에서 고난받는 교회를 위한 복음'은 무엇이냐를 다룬다. 그리고 예루살렘을 떠나 거대한 제국의 변두리에 흩어져 있는 그들에게 적실한 교회론은 무엇이고, 도대체 그런 유혹적이고 험한 세상 속에서 어떻게 그리스도인으로 살아야 하는지에 대한 윤리적 지침들을 제시한다.

(1) 복음 – '썩지 않고, 더럽지 않고, 쇠하지 않는 땅'

무엇보다 베드로는 로마제국이라고 하는 세상을 배경으로 예수 그리스도의 복음을 재해석한다. 믿는 자가 예수 그리스도를 통해 받은 기쁜 소식의 절정은, 죄 사함이나 '죽어서 천당 가는 것' 그 이상으로 '살아 있는 소망'(1:3)에 있다. 그리고 이 살아 있는 소망의 내용은 '썩지 않고, 더럽지 않고, 쇠하지 않는, 하늘에 간직된 유업'(1:4)이다. 여기에 베드로전서가 재해석하는 복음의 핵심이 놓여 있다. 그러니까 사도 베드로와 그가 쓴 편지의 수신자 그리스도인들에게 복음이란 단순히 '칭의'에 그치지 않는다. 칭의가 중요하지 않기 때문이 아니다. 그것은 이미 사도 바울이 유대교의 율법주의자들과 논쟁하면서 충분히 설명했기 때문에, 베드로가 반복해서 따로 논증할 필요가 없었다.

더구나, 지금 베드로전서의 수신자들은 유대인들 속에서 율법을 어떻게 지켜야 하는지를 고민하는 청중들이 아니다. 그들은 로마제국의 변두리에 흩어진 소수의 외국인 거주자요 여행자로 살아가고 있지 않은가? 편지를 보내는 대상이 처한 '상황'이 각기 다른 것이다. 베드로전서의 수신자들은 적대적인 이방인들에게 둘러싸여 때로는 오해를 받고, 자주 부당한 대우를 받고 살아갈 수밖에 없었던 그 땅의 외국인들이요 여행자들이었다.

그들에게는, 유대교의 율법 아래에서처럼 '사람이 어떻게 해야, 어떤 율법의 행위를 해야 하나님께 의롭다 함을 얻을 수 있을까?'가 주된 관심사가 아니었다. 그들의 관심은, 기독교 신앙에 적대적인 이방인들 속에 섞여 살면서, 어떻게 해야 이 '살아 있는 소망의 복음을 온전히 소유하고 누리며 전할 수 있을까' 하는 것이었다. 그래서 사도 베드로는 처음부터 예수 그리스도의 복음을 '칭의'로 소개하지 않고, '기업, 땅, 나라'로 소개하는 것이다. 복음이란 결국 로마제국이 아니라 새로운 나라, 새 하늘과 새 땅에 관한 것이라는 뜻이다.

그렇다면 당시에 베드로가, 로마제국의 변두리에 흩어져 살았던 그리스도인들에게 복음을 '썩지 않고, 더럽지 않고, 쇠하지 않는' 나라로 묘사한 이유가 무엇이었을까? 그들이 장차 받을 나라를 왜 '썩지 않고, 더럽지 않고, 쇠하지 않는' 유업, 땅이라는 식으로 표현했을까? 그것은 당시 그들이 상대하고 있었던 세상, 곧 로마제국의 본질 그러니까 그 영적이고 본질적인 특징을 폭로하려는 것이 아니었을까? 즉, 수신자들로 하여금 로마제국이 아무리 부요하고 강력해 보여도 그 제국의 실상은 '썩어지고, 더럽고, 허무한 것'임을 깨닫게 하려는 의도이지 않았을까?

실제로 베드로전서는, 수신자들이 경험하는 로마제국은 본질적으로 '더러운 곳'이며 '썩어짐과 허무함'에 종노릇하는 땅이라는 사실을 분명하게 표현한다(1:18, 24, 2:14, 4:3, 15, 5:2-4). 사도 베드로는 로마제국의 한복판을 지나가는 나그네와 거류민 된 수신자 교회들에게 '더럽지 않은 거룩'을 요구하고, '썩지 않는 생명'의 삶을 촉구하며, 또한 '쇠하지 않는 영원한 사랑과 환대의 삶'을 촉구한다(1:15, 2:1-2, 2:20, 3:9, 4:9-10). 이 세상의 거짓되고 파괴적인 본질을 꿰뚫고, 그것을 저항하며 이겨 내는 순례자 된 교회의 길을 제시하는 것이다.

무엇보다 중요한 것은, 이렇게 세상을 이기는 교회의 삶을 가능하게 하는 것은 '살아 있는 소망의 복음'이라는 사실이다. 베드로전서가 선포하는 복음은, 예수 그리스도의 복음을 통해 이제 '썩지 않고, 더럽지 않고, 쇠하지 않는 나라'를 유업으로 소유한 교회가 이 세상에서 더 이상 얻어 낼 것도 부러워할 것도 없는 '땅 부자'로 지나가는 여행자가 되었다는 황홀하고도 기쁜 소식이다. 거칠게 표현하면, 예수 그리스도를 믿는 성도야말로 문자 그대로 '부동산'(不動産)을 차지한 땅 부자들인 것이다. 그들이, 오직 그들만이 '진동하지 않을 나라, 곧 흔들리지 않는 나라'를 받았기 때문이다(참조. 히 12:28).

당시 로마제국에서 비록 '집안 노예들'(개역. '사환들')이라 할지라도, 그들은 예수 그리스도로 말미암아 그 흔들리지 않는 나라, 영원한 나라를 소유했기 때문에 이 세상을 소유하는 일에 목을 매고 살지 않을 수 있는 진짜 자유를 얻은 사람들인 것이다(벧전 2:16). 세상 사람들처럼 세상을 얻는 일에 목숨을 걸 시간이나 능력이 없어서가 아니라, 그럴 만한 가치를 느끼지 못하기 때문이고, 무엇보다 그것과는 비교할 수 없는 땅, 나라, '죄나 죽음이나 허무'의 강력에도 흔들리지 않는 영원한 부동산을 소유했다는 '살아 있는 소망'을 소유하고 누리고 있기 때문이다.

사도 베드로는 당시 로마라는 거대하고 유혹적이고 위협적인 제국, 그 세상을 꿰뚫어 보고 그 본질을 적나라하게 폭로한다. 당시 로마제국이 그러했듯이 세상은 스스로 '더러움과 썩어짐과 쇠함' 곧 '죄와 죽음과 하나님 없는 허무와 무의미함'에서 빠져나올 능력이 없다. 거기에 영구히 갇혀 있는 것이다. 세상은 물리적으로나 도덕적으로나 영적으로도 '더러움'으로 오염되어 있는 곳이다. 물리적으로 오염되어 있기 때문에, 우리는 밖에 나갔다 돌아와서는 손을 씻고, 바이러스 때문에 마스크를 쓰고, 정기적으로 몸을 씻는다. 사람에게 면역체가 없다면 한 순간도 건강하게 살아갈 수 없을 만큼 오염된 곳이 세상이다.

세상은 도덕적으로도 오염된 더러운 곳이다. 교육을 아무리 많이 받아도, 그 교육이 그 사람을 자신의 죄악에서 빠져나오게 만들지는 못한다. 법을 가장 잘 아는 지도층이, 법을 가장 잘 오용하고 남용하는 죄에 빠지곤 하는 것이다. 영적으로 오염된 것의 가장 뚜렷한 특징은 '거짓'이다. 그래서 이 세상의 가장 흔한 것 중에 하나가 '거짓'이다.

하나님의 주권하에서, 비록 일시적이고 제한적이지만 세상은 악한 자 마귀 아래 놓여 있고, 그 마귀의 정체가 '거짓의 아비'임을 기억해야 한다(요일 5:19; 요 8:44). 세상에서 가장 흔한 거짓말은, 하나님이 없다는 거짓말이며, 하나님께서 그 아들을 세상에 보내신 것은 역사적 사실이 아니라는 거짓말보다 더 더러운 것, 더 오염된 것은 없다. 이런 거짓은, 사람의 영을 질식시키고 죽이기 때문이다.

세상은 죽음이 만연한 곳이며, 아무도 이 죽음에서 빠져나올 수 없다. 죽음은 세상의 모든 곳에서 살아 숨 쉬고(?) 있고, 인간 중에서는 누구도 죽음의 갑작스런 공격에서 원칙적으로 예외가 되지 못한다. 도덕적이고 사회적인 악(惡)은, 도처에 썩어짐과 죽음의 비참을 가중시킨다. 돈을 아무리 많이 벌어도, 그 돈이 사람으로 하여금 죽음에서 벗어나게 하지 못한다. 또한 허무의 광풍(狂風)은, 허리케인처럼 날마다 온 세상을 휩쓸며 돌아다닌다. '영원하신 하나님'으로부터 분리되어 있기 때문에, 세상은 밑도 끝도 없는 허무의 무저갱에서 헤어나오지 못한다. 허무하다는 것은 '결국 아무런 의미도 없다'는 뜻이다. 세상 사람들은 고통을 피할 수는 있지만, 허무를 피하지는 못한다. 하지만 합력하여 선(善)을 이루시는 하나님 때문에, 성도의 인생은 아무리 고통스러워도 영원한 사랑과 의미로 충만하게 된다.

베드로전서는 세상을 이렇게 세 가지의 특징, 곧 '죄와 죽음과 허무의 강력'으로 묘사한다. 흥미로운 사실은, 세상을 바라보는 사도 베드로의 이런 관점이 철저히 '기독론적'이라는 것이다. 베드로는 예수 그리스도 사건의 핵심인 '십자가와 부활과 성령의 오심'이라는 복음을 통해 당시의 세상이었던 로마제국의 정체를 폭로하고 있는 것이다(벧전 1:3-4). 세상 죄를 위하여 죽으신 그분의 '십자가'를 통해 보니 로마는 '죄의 더러움'에 갇힌 세상이요, 죽음을 이기신 그분의 부활 사건을 통해 보니 그 화려한 로마는 '사망 곧 썩어짐의 굴레'에 갇혀 있는 것이 분명하며, 승천하신 주께서 보내신 성령의 사건을 통해서 보니 로마는 하나님의 부재(不在)에 시달리는 '허무에 굴복하는' 땅이라는 사실이 감출 길 없이 드러나게 된 것이다.

예수님의 공생애 기간 동안 그분을 따라다녔던 수제자였지만, 그런 베드로가 가장 이해할 수 없어 했던 것이 그분의 '십자가'였다. 특별히, 그분이 걸어가신 그 '십자가의 길'을 이해하지 못했다. 주께서 십자가에서 죽으시고 부활하시고 오랜 시간이 흐른 후, 로마제국의 변두리에 있는 외진 선교지에서 한동안 목회 사역에 헌신했던 사도 베드로는, 비로소 주님의 그 '십자가'의 의미를 깨닫고 또 깨닫게 된 것이다. 그리고 이제는, 예수 그리스도의 그 십자가를 통해 로마제국 그 부패한 세상의 본질을 꿰뚫고 있으며, 또한 그분의 부활의 사건과 성령을 보내신 사건을 친히 경험한 후에, 그 놀라운 복음으로 당대

최고의 권력의 정점에 선 로마의 썩어짐과 허무함을 폭로하고 있는 것이다.

사도 베드로가 오직 예수 그리스도의 사건으로 세상을 바라보고 철저하게 재해석한 결과가 바로 "썩지 않고, 더럽지 않고, 쇠하지 않는 유업, 땅, 나라"의 복음이다. 이렇게 살아 있는 소망의 복음을 받고 누리는 교회가 어떻게 이 '더럽고 썩어지고 허무한 세상'에 소망을 두고 살겠는가! 다만 하나님의 뜻을 따라 이 세상을 '여행자'처럼 지나가며, 오직 예수 그리스도의 십자가와 부활, 그 승천하신 길을 따르는 '제사장 공동체'로 살아가는 것 외에 다른 선택도 기쁨도 없는 것이다.

(2) 교회론 - '여행자요 제사장 공동체'

베드로전서가 설명하는 교회의 본질은, '살았고 영원한 복음의 말씀'을 믿고 거듭나서, 이제는 영적 생명을 받은 그들 안에 이미 '썩지 않고, 더럽지 않고, 쇠하지 않는, 살았고 영원한 말씀의 씨앗'이 심겨 있다는 복음, 곧 새 언약 성취의 복음 안에 놓여 있다(참조. 렘 31:33). 이들은 자신 안에 심겨 있는 그 생명의 말씀을 먹고 마시며, 지속해서 세상을 이기는 교회로 성장해 나아간다(벧전 1:22-2:4). 여기에 베드로전서가 설명하는 '세상 속의 교회'가 가진 능력의 비밀이 있다.

사도 베드로는, 성도를 거듭나게 한 그 '썩지 아니하는 씨앗'인 영원한 생명의 말씀 자체가 사람의 영혼을 깨끗하게 하는 진리의 말씀이고, 그 말씀 자체가 썩지 않는 부활 생명의 능력이며, 그 말씀 자체가 '풀은 마르고 꽃은 시들어도', 즉 세상 영광은 사라지고 없어져도, 영원히 역사하는 사랑의 능력이라는 사실임을 알려 준다(벧전 1:22-25). '썩지 않고, 더럽지 않고, 쇠하지 않는 말씀'으로 거듭나고 그 '신령한 젖'을 먹고 성장하는 교회가, '썩어지고, 더럽고, 허무한 세상'을 이기고 또 이길 수밖에 없는 사실은 자명한 이치라는 뜻이다.

교회로 하여금 세상의 썩어짐과 세상의 더러움과 세상의 허무함에 저항하게 하는 것은 그들 안에 심겨 있는 '썩지 않는 씨앗' 곧 '살았고 영원한 말씀'이다. 그들 안에서 그들로 하여금 '죄가 주는 상처들과 사망의 두려움과 무의미함의 광풍(狂風)'을 거슬러 걷게 하는 하늘의 능력이, 이미 그들 안에 살아서 역사하는 말씀으로 심겨 있다는 사실은 참으로 놀라운 복음이다. 비록 이 땅의 순례 길에서 그들은 많은 고난을 경험하겠지만, 그들 안에 심겨 있는 그 썩지 않는 말씀은 그 하늘 그 생명의 싹을 틔우며, 꽃을 피우고, 지금도 그 영광의 열매를 맺어 가고 있는 것이다.

그들 안에 심겨 있는 그 말씀이 '깨끗하기' 때문에, 그 말씀으로 거듭난 교회는 세상의 더러움을 이긴다. 이는 말씀이 세상을 이기기 때문인데, 세상을 이기는 그 말씀이 그들 안에 심겨 있다는 것은 곧 그들이 세상을 이기게 된다는 의미이다. 그래서 그들은 이 '신령한 젖'을 사모하며 부지런히 '자라가'야 한다(벧전 2:1-2). 또한 그들 안에 심겨 있는 그 말씀이 '살아 있는' 말씀이기 때문에, 그들은 죽음이 지배하는 썩어 가는 세상을 저항하며 이겨 낸다. 그리고 그들 안에 심겨 있는 그 말씀이 '영원한' 말씀이기 때문에, 그들은 세상의 허무함에 굴복하거나 무의한 일에 자신을 팔아넘기지 않는다. 아니, 그렇게 하지 못한다. 그들 안에 이미 그 '세세토록 거하는' 말씀이 심겨 있어서, 그 말씀이 그들 속에서 그 영원한 생명을 빚어 가고 있기 때문이다.

그러므로 베드로전서가 알려 주는 교회의 비밀은, 새 언약 성취의 복음을 믿고 거듭난 교회가 그 '썩지 않는 씨앗', 곧 '깨끗하고 살았고 영원한 말씀'으로 거듭난 백성이라는 사실에 있다. '썩지 않는 씨앗'인 '살았고 영원한 말씀'이 창조해 내는 교회, 곧 새 언약 백성은 자신들 안에 살아 있는 '생명과 의와 사랑의 말씀'으로 세상의 '파괴적인 강력'을 이겨 낸다. 이 썩어지고 더럽고 허무한 세상을 흔쾌히 그리고 복되게 지나가는 여행자가 되는 것이다.

이제 세상에서 '거류민과 나그네'가 된 교회가 이 세상을 지나가면서 '소유'하고자 애쓰게 되는 것은, 그들의 정욕을 따라 얻을 수도 있는 이 세상이 아니다. 이들이 간절히 소유하기를 열망하고 또 그래야 하는 것은 '선한 행실'이다(2:11-12). 이방인들 가운데서 행하는 그들의 선한 행실이, 그들로 하여금 그 영원한 나라를 위한 '제사장 공동체'의 사명을 제대로 감당하게 한다. 그들은 참으로 선한 행실을 위해 지음 받은 새 백성이며, 그들이 이 땅에서 욕심을 내어 소유하고자 애쓸 가치가 있는 것은 바로 이 선한 행실뿐이다.

왜냐하면 이 선한 행실로써, 그들은 하나님을 모르는 이방인들로 하여금 하나님의 이름을 부르게 하며, 그들 안에 있는 소망의 이유를 묻게 하기 때문이다(3:15). 베드로전서의 수신자 교회들은 그들이 가진 그 '살아 있는 소망의 복음'으로 인해, 로마제국이나 그 제국 안에서 영화를 누리며 살아가는 자들을 부러워할 이유가 전혀 없었다. 비록 그들의 대다수가 주인이 가혹하게 대하는 '집안 노예들'이거나, 아무런 사회적 권리가 없는 '믿지 않는 남편의 아내들'이었어도(2:18, 3:1), 그들은 로마를 두려워하지도 부러워하지도 않았다(1:17, 2:17). 그들이 인격적으로 고상해서라기보다, 그렇게 해야 할 동기나 필요가 없었기 때문이다.

그들에게는 이미 '썩지 않고, 더럽지 않고, 쇠하지 않는 땅, 유업, 나라'가 주어졌고, 그 흔들리지 않는 그들의 부동산이 지금도 그들을 위하여 하늘에 간직되어 있다는 살아 있는 소망 안에서 살아갈 수 있었기 때문이다. 이 세상은 죽음과 죄와 허무의 강력 아래 갇혀 있다가, 종국에는 성령의 불의 심판으로 해체될 것이며, 그 끝에서 '생명과 의와 하나님의 임재가' 영원토록 거하는 새 하늘과 새 땅이 그들의 눈에 곧 펼쳐질 것이었다(벧후 3:12-13).

무엇보다 '썩지 않는 말씀'으로 거듭난 그들의 심령과 삶 속에, 더러운 죄를 이기신 예수 그리스도의 십자가의 능력이 지금도 역사하고 있다. 또한, 죽음을 이기시고 부활하신 예수 그리스도를 믿는 그들 안에는 세상의 모든 것을 썩어지게 하는 '죽음의 강력을 파멸시키는' 영원한 생명의 역사가 일어나고 있다. 그리고 낯선 땅에서 고된 여행자와 제사장의 길을 지나가는 그들 안에는, 하늘로부터 내려오신 성령의 임재와 그 사랑의 능력이 순간마다 차고 넘치도록 풍성하게 역사하고 있다.

자신이 가진 것과 바라는 것이 이 세상이 전부인 사람이 어떻게 이 세상의 썩어짐과 더러움과 허무함을 거스르는 영원한 나라의 가치를 따라 살아갈 수 있겠는가? 잠시 가능하게 보일지 몰라도, 그것은 근본적으로 불가능한 방식이다. 오직, 썩지 않고 더럽지 않고 허무하지 않은 나라를 소유하고 누리고 살아 내는 교회라야 세상에서 하나님의 뜻을 행할 수 있으며, 세상을 이길 뿐 아니라 또한 진정으로 세상을 회복하는 생명의 길을 걸을 수 있다(벧전 1:13-15, 2:12; 3:9, 4:1-3).

이것은 신자가 단지 '율법의 행함이 아니라 믿음으로 의롭다 함을 얻었다'는 '칭의'의 은혜를 받은 것과는 또 다른 차원의 기쁜 소식, 복음의 또 다른 면을 깨닫고 누리는 신앙과 삶의 결과이다. 다시 말하거니와, 베드로전서에서 복음 곧 기쁜 소식이란, 그 '의와 거룩과 생명과 사랑이 충만한 그 땅, 그 나라'를 이미 소유했고 누리고 있으며 그 나라의 완성을 간절히 사모하는 '살아 있는 소망'에 있다. 하나님 나라를 이미 소유한 복된 심령은, 죄와 죽음 아래 놓인 이 허무한 땅을 지날 때 가난하고 애통하며 의에 주리고 목마르게 살아갈 수 있고, 그렇게 '팔복'(八福)의 충만한 기쁨을 누리며 살아간다. 그는 모든 것을 잃어도 결국 아무것도 잃은 것도 잃을 것도 없는, '가난하나 너무나 부요한 자'이기 때문이다.

(3) 윤리적 비전 – '십자가가 곧 선한 양심의 길'

새 하늘과 새 땅을 이미 소유하고 누리고 소망하기 때문에 이 세상을 여행자로 지나간다는 것은, 그렇게 이 세상을 지나가면서 아무것도 하지 않는다는 것을 의미하지 않는다. 베드로전서는 이 대목에서, 나그네와 거류민 된 교회의 정체성에 덧붙여 또 하나의 중요한 교회론을 제시한다. 바로 '제사장 공동체'로서의 교회이다(2:9-10). 제사장이란, 죄인 된 백성들을 긍휼히 여기고 그들을 체휼함으로써 그들을 대신하여 그들의 죄와 고통의 짐을 짊어지고 그들을 하나님 앞으로 인도하는 '하나님의 종'을 가리킨다(2:17-25).

이런 의미에서 베드로전서는 예수 그리스도를 소개함에 있어서 특징적으로, 그분께서 의로운 자로서 불의한 자들을 대신하여 고난을 당하며 그들을 하나님 앞으로 인도하신 제사장으로 묘사한다(3:18). 교회 역시, 세상 한복판을 지나가며 제사장 되신 주 예수 그리스도의 십자가와 부활 승천의 길을 따라, 즉 선한 양심의 길을 따라 하늘의 하나님 보좌 우편에 이르는 '거룩한 순례자들'이다(3:16-22).

이것이 교회가 자신을 둘러싼 이방인들, 곧 열방을 향하여 가진 정체성이고 사명이다(2:9). 교회는 이 세상에 대해서는 여행자이면서, 동시에 열방을 향하여는 제사장 공동체이다. 베드로전서는 이런 맥락에서 세상 속의 제사장 공동체인 교회가 세상 속에서 행해야 하는 가장 중요한 원리를 제시한다. 그것은 '선한 양심을 가지라'는 것이다(3:16, 21; 참조. 2:16). 베드로전서는 유독 '선한 양심, 선한 행실'을 강조하는데(2:12, 14, 20, 3:1, 9, 11, 13, 16), 여기서 '선한 양심, 선한 행실'이란, 그것을 통해서는 구원을 받을 수 없는 인간의 '자기 공로'를 가리키는 것이 아니다.

베드로가 말하는 '선한 양심'은, 정확히 풀어 설명하면 '거듭난 심령의 새롭게 된 양심'이라는 의미이다. 거듭난 성도의 믿음은 그의 새롭게 회복된 '양심'을 통해 활동하고 나타나야 한다는 것이다. 이런 점에서 '선한 양심'은, 특별히 교회가 '자신을 적대하는 세상 속'에서 교회를 비방하는 세상 사람들과 '소통'하려 할 때에 결정적인 원리로 등장한다. 여기가 바로, 베드로전서가 오늘날 이 땅의 교회에게 적실한 메시지를 던지는 전략적인 부분이다.

이런 점에서, 베드로전서는 '세상'에 대하여 '양면적인 접근'을 시도한다는 사실을 알 수 있다. 먼저, 복음의 본질을 설명할 때는 '세상-부인적'(world-denial)인 태도를 취한다. 예수 그리스도의 십자가와 부활 그리고 성령의 오심이라는 구속 계시의 사건은, 이 세상의 영적인 본질이 무엇인지를 여지없이 폭로한다. 세상은 죄나 죽음이나 하나님의 부재에서 오는 허무의 강력에서 스스로 빠져나오지 못한다는 것이다.

반면에 교회가 세상과 '소통'하며 그들을 복음의 빛 가운데로 인도하는 '제사장의 역할'을 설명하는 국면에서, 베드로전서는 '세상-긍정적'(world-affirming)인 태도를 취한다. 세상 안에는 여전히, 교회가 존중하고 공유할 수 있는 '은총'이 남아 있다는 것이다. 여기에, 베드로전서가 매우 중요하게 취급하는 '양심'의 역할이 있다. 따라서 교회는, 세상을 부인하든 긍정하든, 단지 일방적인 관점으로만 접근하고 판단해서는 안 된다. 세상을 부인해야 하는 측면도 있지만, 반면에 세상을 긍정해야 하는 차원도 있기 때문이다. 복음에 합당한 지혜와 분별이 요청되는 것이다.

그렇다면 '세상-긍정적'인 차원에서, '양심'이 왜 그리도 중요한 주제인가? 사람이 '양심'으로 구원받는 것이 아니지 않는가? 로마서나 갈라디아서의 칭의 교리에 익숙한 우리의 귀에, 그리고 그 칭의의 교리조차 제대로 이해하지 못한 많은 신자의 귀에, '선한 양심'의 중요성은 낯설 수밖에 없는 메시지이다. 우리는, 거듭난 성도에게는 모두 새롭게 된 양심, 회복된 양심이 주어진다는 사실조차 잘 모르거나 강조하지 않는다. 그뿐 아니라 세상이 교회를 대하여 악한 비방의 말을 하는 상황에서, 거듭난 심령의 새롭게 된 양심이 얼마나 적실하고 결정적인 선교적 의미를 갖고 있는지조차 잘 의식하지 못한다.

베드로전서가 오늘날 이 땅의 교회에게는, 로마서만큼이나 중요한 서신이라 할 수 있는 이유가 여기에서도 발견된다. 갈수록 점점 더 교회에 적대적이 되어 가는 사회 속에서 그리스도인들에게 가장 고민이 되는 질문은 '과연 어떤 공로를 쌓아야 하나님 앞에 의롭다 함을 입을까'이기보다, '어떻게 해야 교회를 비난하는 사람들의 적대감을 이겨 낼 수 있을까'에 가까울 것이기 때문이다. 이런 문제 상황에 대해 베드로전서는 명확한 답을 내어놓는다. 즉, 세상 속의 교회는 자신의 '살아 있는 소망'에 대한 믿음을, 세상 사람들도 알아듣는 '선한 양심'의 언어와 행실로 번역해 내야 한다는 것이다.

베드로전서에 의하면, 그 '선한 양심'의 길은 바로 '그리스도께서도 한 번 죄를 위하여 죽으사, 의인으로서 불의한 자를 대신하여 가신' 십자가의 길이다. 사도 베드로는 바로 이 십자가의 길이 곧 '선한 양심의 길'이라고 해석하면서, '예수 그리스도께서도 역시' 이 선한 양심의 길을 가셨다고까지 표현한다(3:16-18). 신자가 세상 속에서 걸어가는 이 선한 양심의 길이, 예수 그리스도께서 십자가와 부활과 승천으로 가신 바로 그 길인 것이다. 그리고 그 끝에 이르게 되는 '하늘의 하나님 보좌 우편'이 바로 세상 속의 교회가 걸어가야 하는 여행자요 제사장 공동체가 걸어가는 순례의 길의 목적지인 것이다(3:18-22).

십자가는 하나님께서 그 아들을 통하여 우리에게 오신 길이고, 동시에 우리가 세상 한복판을 지나 하나님께로 이르는 유일한 길이다. 그러므로 세상 속의 교회에게 '선한 양심'의 길이란, 이 세상을 여행자요 제사장 공동체로 지나가는 교회가 예수 그리스도의 십자가와 부활에 연합하여 하늘 보좌에 이르는 '유일한' 길이다. 그 길이 승천하신 대제사장 예수 그리스도를 따라가는 길이며, 제사장 공동체로서 열방을 하나님께로 이끄는 교회의 선교적 고난의 길이다. 이것이 베드로전서가 세상 속의 교회를 위하여 제시하는 윤리의 요체이다.

신약성경에서 '양심'(헬, 쉰에이데시스)이란 원래 '함께 아는 마음'이라는 뜻이다. 하나님께서 자신의 형상을 따라 창조하신 모든 인류가 함께하는 마음이 곧 양심이다. 하지만 교회가 가진 양심 곧 '함께 아는 마음'은, 예수 그리스도의 은혜와 구원 안에서 '하나님과 함께 새롭게 알게 된 마음'이다. 즉, '거듭난 심령의 새롭게 된 양심'으로서, 하나님을 알지 못하는 세상 사람들과 '함께' 갖고 있는 양심이면서도 동시에, 예수 그리스도의 아버지 하나님과 '함께' 알게 된 새롭게 된 양심, 더 선하고 지극히 의로운 것이 무엇인지 아는 새로운 양심인 것이다.

베드로전서가 세상 속의 교회에게 유독 '선한 행실, 선한 양심'을 강조하는 이유가 여기에 있다. 그 양심이 하나님의 백성으로 하여금 제사장 역할을 감당하게 하는 '통로요 수단'이 되기 때문이다. 세상 사람들은 하나님의 은혜의 세계를 직접적으로 알지 못한다. 다만, 그들 자신이 다 지키지 못하지만 그들 안에 하나님께서 부여하신 '양심'을 따라 살아가며, 그 양심을 따라 심판받게 될 것이다. 성령의 거듭나게 하심으로 '새롭게 된 양심'을 소유한 새 언약 백성인 교회가 이 세상을 지나가면서, 저들도 알아듣는 양심의 언어, 선한 행실로 세상과 소통해야 할 이유가 여기에 있는 것이다.

하나님을 모르지만 양심을 가진 이방인들에게 둘러싸인 교회가 아무리 '신령한 이야기들'을 늘어놓아도, 교회가 세상 사람의 양심의 기준에도 못 미치는 악한 일을 한다면 그들이 어떻게 교회가 짊어진 하나님의 거룩한 이름을 부르겠는가? 같은 이유로 교회는, 세상 사람들의 양심의 기준에 부합하는 선한 일에 대해 스스로 '예외나 특권'을 주장하면서, 그 정당하고 의로운 일을 따르지 않는다면 어떻게 되겠는가? 세상 사람들의 양심의 기준에 따라 모두가 지키는 법조차 지키지 않는다면, 세상이 어떻게 교회가 전하는 신령한 은혜와 진리의 세계에 귀를 기울이겠는가? 도리어 '악행하는 자들'이라는 비난을 받고, 세상 사람들의 양심에 따라 심판받는 처지에 떨어지지 않겠는가?

교회가 이방인 중에서 그들의 양심과 적극적으로 소통할 때에야 비로소 세상은 교회 안에 있는 '새롭게 된 양심', 즉 '양심 그 이상의 양심', 하나님과 함께 주 예수 그리스도의 '은혜의 세계'를 아는 마음인 거듭난 양심'을 엿볼 수 있는 기회를 얻게 된다. 이것이 베드로가 말한 바, '의로운 자로서 불의한 자를 대신하여 그들을 하나님께로 인도하신' 예수 그리스도의 선한 양심의 길, 십자가의 길의 요체이다. 교회는 자신의 '거듭난 심령의 새롭게 된 양심'으로 세상과 소통하며, 하나님을 모르며 양심밖에 갖고 있지 않은 세상 사람들로 하여금 교회 안에 있는 '살아 있는 소망의 이유'를 묻는 자리로 인도해야 한다(3:15).

저들이 교회의 선한 양심과 선한 행실을 보고 하나님께 영광을 돌리도록 해야 하는 것이다(벧전 2:12; 마 5:13-16). 이것이 열방을 하나님께 되돌리는 '제사장 나라' 된 하나님의 백성의 특권이고 사명이다(벧전 2:9-10; 출 19:5-6). 베드로전서는 바로 이런 영성, 즉 열방 가운데서 제사장 된 교회의 책임 있는 영성, 선한 양심의 영성을 강조한다. 이방인들 한복판에서 십자가를 붙들고 십자가의 길을 간다는 것은 '의인으로서 불의한 자를 대신하여 고난을 받음으로 그들을 하나님 앞으로 인도하는' 길, 곧 '선한 양심의 길'을 간다는 뜻이다.

베드로가 재해석한 '십자가의 의미'가 이것이다. 베드로는 '율법의 저주'라는 배경에서 십자가를 해석한 것이라기보다, 하나님께 적대적인 세상 사람들 속에서 살아가야 하는 초기 교회 성도들에게 십자가가 과연 무엇을 의미하는지를 설명한 것이다. 사도 바울이 주로 율법을 배경으로 십자가를 해석했다면, 베드로는 그 십자가 사건을 당시 로마라고 하는 '세상을 배경으로' 해석하여 또 다른 차원을 드러내어 강조한 것이다. 곧, 십자가는 하나님께서 우리에게 오신 '대속(代贖)의 은혜'의 길이지만, 동시에 우리가 세상 한복판을 여행자요 제사장 나라로 지나가면서 반드시 통과해야 할 길, 하나님께 이르는 '선한 양심'의 길이라는 것이다.

그러므로 양심으로 구원받을 수 없지만, 십자가는 곧 선한 양심의 길이다. 말하자면 십자가 보혈을 의지하는 성도인데, 그가 양심이 없는 사람이라는 평가를 들을 수가 없고, 그래서도 안 된다는 것이다. 날마다 십자가를 부르짖는데, 양심이 없을 수가 없다. 십자가가 곧 선한 양심이기 때문이다. 이것이 세상 속의 교회에게 예수 그리스도의 복음을 재해석해서 설명해 준 베드로의 십자가의 신학이다. 예수께서 살아 계셨을 때 그분의 십자가의 길을 막아섰던 수제자 베드로가, 그의 생애의 끝에서 깨닫게 된 십자가의 의미이다. '십자가가 곧 선한 양심의 길'이라는 베드로의 십자가 신학은 오늘날 이 땅을 살아가는 교회에게 어떤 의미를 던지는가? 깊이 숙고하고 소화해야 할 십자가의 복음이다.

IX ― 아홉 번째 이야기

The Gospel and Message of the Catholic Epistles

IX. 아홉 번째 이야기

베드로후서의 복음,
어떻게 누리며 살아갈 것인가?

　베드로전서의 주제가 '세상 속의 교회'라 한다면, 베드로후서는 그것을 뒤집은 '교회 속의 세상'이라는 주제를 다룬다. 그만큼 베드로후서는, 교회 안으로 밀려들어 온 세상의 문제를 다룬다. 베드로전서와 베드로후서를 관통하는 '노아의 방주' 이야기로 비유할 때(벧전 3:20-22; 벧후 2:5, 3:6), 베드로전서가 마치 방주가 물 위에 떠서 마른 땅을 향해 헤쳐 나가는 것 같은 교회를 묘사한다면, 베드로후서는 물 위에 떠 있는 방주 안으로 거센 파도가 들이치는 위기상황과 그 대책을 제시하고 있다.

1. 주제 – '교회 속의 세상'

실로 베드로후서는, 교회 안에 침투해 들어온 거짓교사들의 거짓 가르침과 그들의 부패한 행실을 집중적으로 다룬다. '교회 속의 세상'이라는 주제에 걸맞게, 거짓교사들의 거짓 가르침과 그들의 악한 행실을 통해 세상의 거짓되고 더럽고 부패한 물결이 교회 안으로 밀려들어 온 상황을 진단하고 이에 대한 처방을 내린다. 이런 점에서 베드로후서는 오늘날 이 땅의 교회에게 참으로 필요한 서신이 아닐 수 없다.

만일, 오늘날의 교회에 '성경이라는 X-Ray'를 투사하여 사진을 찍는다면, 베드로후서가 묘사하는 것과 같은 내용이 나올지도 모른다. 오늘날 거짓교사들 때문에 교회를 떠나 방황하는 청년들, 신자들이 얼마나 많은가? 하지만 병이 있는 사람이 오히려 병원에 가기 싫어하고 의사에게 진단받기를 두려워하는 것처럼, 거짓교사들의 거짓 가르침 때문에 몸살을 앓고 있는 교회는 정작 베드로후서를 멀리한다. 읽기도 두려워하고 설교하기도 회피한다.

그럴수록 베드로후서는 더욱 필요하고 이 시대에 석실한 서신임이 드러난다. 바이러스에 걸리지 않기 위해서 귀찮고 위험스런 백신도 맞지 않는가! 마찬가지이다. 오늘날 교회가 베드로후서를 배우고 가르치고 설교해야만 하는 절박한 이유와 필요가 여기에 있다. 신약의 서신은 학술 논문처럼 학문적 관심에서 기록된 것이 아니라, 특정한 현실의 상황에 놓여 있는 교회들을 향한 치유와 회복이라는 목회적 관점에서 기록된 것이 대부분이다. 그래서 서신의 문학적 구조도 종종, 마치 의사가 환자를 진단하고 처방하고 치유하는 과정을 기술하듯이 전개되곤 한다. 베드로후서가 그 좋은 예이다.

베드로후서는 모두 3장으로 되어 있는데, 수신자 교회의 '문제 상황'을 다루는 부분은 중간 부분 이후인 2장과 3장에 나오고, 앞부분인 1장에는 그러한 문제 상황에 대한 '해결책'이 먼저 나온다. 마치 병원에서 의사가, 환자가 아파서 피를 줄줄 흘리고 있는데 그에게 병이 어떻게 퍼지고 있는지 그 원인은 무엇인지를 자세히 설명할 여유가 없는 것과 마찬가지이다. 우선 응급실에서 상처를 싸매고 치료를 한 다음, 나중에 천천히 진단을 해서 그 병의 내용과 원인을 설명하면 되는 것이다. 설사 그 병의 원인을 모르더라도 1장의 해법을 배우고 실천한다면, 거짓 가르침을 이겨 내는 영적 면역 체계를 잘 유지하게 될 것이라는 듯이 말이다.

베드로후서가 집중적으로 다루는 문제는, 교회를 더럽히고 썩게 하며 세상처럼 허무한 광풍에 휘말리게 하는 독버섯과 같은 거짓 가르침이다. 이들은 표면상으로는 신앙을 고백하지만, 실제로는 '쾌락주의적'이고 '세속적인' 사상에 물든 자들이다. 베드로후서 2장은 이런 거짓교사들의 '부패한 성품과 행실'을 묘사하는 반면, 3장은 그런 부패한 행실의 '근거가 되는 그들의 거짓 가르침'을 소개하고 그것을 반박하며 그들이 부인하는 종말에 대해 명확히 설명한다.

거짓교사들의 이러한 부패한 성품과 거짓 가르침에 대한 '해법'은 1장에서 제시되는데, 1-11절에서 베드로는 거짓교사들의 부패한 성품과 행실에 맞서 싸워 이겨 낼 수 있는 '신의 본성'에 참여하는 '신적 성품'에 관해서 설명하고, 뒷부분인 12-21절에서는 거짓교사들의 거짓 가르침을 붕괴시킬 수 있는 '성경적인 성경 해석'에 관해 설명한다. 1장에 제시된 해법의 내용이 '신적 성품'과 '올바른 성경 해석'인 이유는, 문제가 되는 거짓교사들의 부패한 성품과 행실(2장)이, 그들의 잘못된 성경 해석과 그로 인한 거짓 가르침(3장)에 뿌리내리고 있다고 보았기 때문이다.

2. 복음, 교회론, 윤리적 비전

만일 베드로전서와 베드로후서가 '교회와 세상'이라는 주제 아래에서 서로 잘 들어맞는 것이라면, 이 두 서신이 초기 교회에서부터 정경적으로 연속해서 배열되어 왔다는 점에도 어떤 메시지가 있을 수 있다. 신약성경을 역사비평학적으로 연구해 온 학계의 전통에 의하면, 베드로후서는 종종 베드로전서보다 유다서에 더 가까운 서신으로 분류되어 왔다. 베드로후서와 유다서는 서로 유사한 본문들을 공유하고 있어서, 어떤 서신이 어떤 서신을 자료로 쓴 것인지에 대해 논란이 많았기 때문이다(벧후 2:2-17; 유 1:6-13).

하지만 최근에는 문학비평의 발전으로 베드로전서와 베드로후서 사이의 연관성이 더 많이 발견되고 있으며, 두 서신을 하나의 내러티브로서 연속적으로 읽어야 한다는 주장이 더 설득력을 얻어 가고 있다. 필자의 견해도 이와 같다. 특히 두 서신 사이의 연속성을 염두에 두고 보면, 베드로전서의 시작과 베드로후서의 끝부분이 동일한 주제로 서로 상응하면서 이 두 서신이 '한 저자에 의한 두 편의 서신'이라는 사실이 더욱 선명하게 드러난다. 그리고 바로 여기에서, 베드로전후서를 관통하는 '복음'의 내용이 확연히 나타난다.

(1) 복음 – '새 하늘과 새 땅을 누림과 바라봄'

일단 베드로전서는 1장에서 '살아 있는 소망'의 내용으로서 '썩지 않고 더럽지 않고 쇠하지 않는, 하늘에 간직된 유업'이라는 '하나님 나라의 복음'을 제시한다(벧전 1:3-4). 앞서 설명했듯이 이는 베드로가 예수 그리스도의 십자가와 부활 그리고 그분의 승천과 성령 강림의 복음을, 당시 로마제국으로 상징되는 세상을 배경으로 재해석한 결과이다. 흥미로운 점은, 바로 이 '의와 생명의 영원한 나라'에 대한 복음을 베드로후서가 명확하게 이어 가는 정황을 볼 수 있다는 사실이다.

베드로후서 역시 베드로전서의 경우와 같이 1장부터 '영원한 나라', 곧 "우리 주 곧 구주 예수 그리스도의 영원한 나라에 들어감"(벧후 1:11)의 복음을 선포하며 시작한다. 그리고 마지막 장인 3장의 끝부분에서는, 보다 적극적으로 지금 세상이 모두 '불에 풀어지고' 난 후에 '새 하늘과 새 땅'이 펼쳐진다는 재창조의 복음을 제시하며 서신의 결말에 이른다(벧후 3:10-13). 놀랍게도, 베드로전서와 베드로후서는 모두 당시 로마제국으로 대표되었던 이 세상과 대조되는 '새 하늘과 새 땅'의 복음으로 서신을 열고 닫는다는 것이다.

이것은 사도 베드로가, 당시 로마제국에 흩어져 있던 초기 교회 그리스도인들을 향해서, 그들이 처한 그 거대하고 위협적이고 유혹적인 세상을 배경으로 예수 그리스도의 복음을 새롭고도 명확히 재해석해서 선포하고 있음을 보여 준다. 예수 그리스도께서 십자가에서 죽으신 것은 온 세상의 죄, 곧 '더러움' 때문이었다. 그분의 부활은, 온 세상을 장악하고 있는 죽음, 곧 '썩어짐'의 세력을 굴복시키신 놀라운 구원의 사건이다. 그리고 주께서 승천하셔서 하늘로부터 이 '쇠하고 허무한' 땅에 '비둘기 같은 성령'을 보내신 것은, 지금, 여기, 이 땅 위에서 교회를 통하여 '영원한 하나님의 임재'가 있는 새 하늘과 새 땅을 성취하기 시작하신 사건이다.

이처럼 사도 베드로는, 예수 그리스도의 복음 곧 죄를 이기신 그분의 십자가와 죽음을 이기신 그분의 부활 그리고 허무의 강력을 이기신 영원한 성령의 임재를 통해 당시의 세상인 로마의 본질을 폭로한 것이다. 세상은 본질상 '더럽고' 즉 죄 아래 있고, '썩어지고' 즉 죽음 아래 있으며, '쇠하는' 즉 '하나님 없는' 허무 아래에 놓여 있다. 이처럼 세상은 스스로 그 죄와 죽음과 허무의 세력을 이기지 못하는 것이다. 그러나 예수 그리스도께서는 그분의 십자가를 통해 '더러움 곧 죄'를 이기셨고, 사흘 만에 부활하심으로써 '썩어짐 곧 죽음'도 이기셨다. 그리고 하늘에 오르시어, 하나님의 부재(不在)로 인한 허무에 갇혀 있는 이 세상에 하나님의 영, 곧 성령을 보내신 것이다. 그러므로 이제 새 언약 백성에게는 '더럽지 않고, 썩지 않고, 쇠하지 않는 나라'의 말로 다할 수 없는 은혜와 생명의 능력이 그 아들과 성령을 통해 언제든지 충만하게 쏟아부어지고 있다!

이것이 베드로전서가 선포하는 복음이다. 이제 그 '살아 있는 소망'을 가진 성도 안에 이미 의와 생명과 사랑이 영원토록 통치하는 '새 하늘과 새 땅의 임재가 시작되었다'는 사실이 곧 세상을 이기는 기쁜 소식, 복음인 것이다. 이것이 베드로가 로마제국에 흩어져 있는 새 언약 백성인 교회를 위해 재해석하고 선포한 하나님 나라의 복음이다. 흥미로운 사실은, 베드로전서뿐 아니라 베드로후서 역시 이런 시각, 곧 당시 로마제국이라는 세상을 예수 그리스도의 십자가와 부활과 성령의 오심이라는 구원 계시의 시각으로 꿰뚫고, 그 '썩어지고 더럽고 허무한' 세상의 본질을 폭로하고 있다는 점이다.

조금 더 명확히 살펴보자. 먼저 베드로후서 1장 4절은 '세상의 썩어질 것'이라 표현하면서, 세상의 본질이 '썩어짐'에 있음을 폭로한다. 그런데 2장 20절에 오면 분명하게 '세상의 더러움'이라 표현하고, 3장 6절에는 '그 때 세상'이 홍수로 심판받았다는 사실, 그러니까 세상의 세 번째 본질인 '쇠하여 없어짐'에 대해 설명하고 있다. 말하자면 베드로전서와 같이 베드로후서 역시 이 세상의 본질을 '썩어짐과 더러움과 허무함'으로 보는 것이다.

이런 시각은 이미 베드로전서가 새 언약 백성을 위해 하늘에 간직된 유업의 특징을 '썩지 않고, 더럽지 않고, 쇠하지 않는' 것으로 묘사한 것과 완전히 일치하는 맥락이다. 이 사실이 의미하는 바는 무엇인가? 베드로전서와 베드로후서는 예수 그리스도의 복음으로 당시 로마제국, 곧 세상의 본질을 간파하고 폭로하는 '완전히 동일한 시각'을 가졌을 뿐 아니라, 서로 '연속적으로' 읽게 되어 있는 성경이라는 뜻이다. 그리고 그 연속성의 가장 큰 뼈대는 '예수 그리스도의 구속 사건들'을 세상을 배경으로 재해석하고 풀어낸 '새 하늘과 새 땅'의 복음이라는 것이다.

흥미롭게도, 이 '새 하늘과 새 땅'의 복음은, 베드로전후서 다음에 이어 나오는 요한서신에서 이 세상, 곧 '코스모스' 안에 침투한 '삼위 하나님의 진리와 사랑과 생명의 코이노니아'의 임재와 능력을 강조하며 새 언약 성취의 보다 깊고 친밀한 차원에서 설명될 것이다. 더 나아가 이 '새 하늘과 새 땅'의 복음은, 신약의 마지막 책인 요한계시록에 이르러 이 세상의 최종적인 심판과 그 후에 펼쳐지고 완성될 새 창조의 절정으로 묘사될 것이다.

이처럼 베드로후서는 서신의 마지막 장면인 3장에서, 예수 그리스도의 사역과 그를 믿는 교회 안에 이미 임재한 이 '새 하늘과 새 땅'의 실재가, 아직 남아 있는 이 '첫 번째 하늘과 땅'이 '심판의 불'에 '해체된' 후에 어떻게 실제로 나타나고 완성될지에 대한 소망을 불러 일으킨다. 그런데 우리가 보고 있는 이 '썩어지고 더럽고 쇠하는' 이 세상, 곧 '죄와 죽음과 허무' 아래에 갇혀 있는 이 '첫째 세상'이 '불'에 타서 해체된다고 했을 때(벧후 3:12), 그 '불'은 무엇인가?

핵폭탄인가? 지구온난화인가? 그것은 아마도 심판하시는 '성령의 불'일 것이다. 세례 요한이 예수님을 가리켜 '불과 성령으로 세례'

를 주실 분이라고 했을 때, 그 '불'은 악인들을 쭉정이처럼 지옥 불에 던져 넣는 최후의 심판을 상징하는데, 그 불의 심판을 행하시는 분이 곧 '성령'이시며, 그분은 '소멸하는 불'이시기 때문이다(히 12:29). 다만, 예수 그리스도의 속죄의 복음이 전해지는 동안은, 성령께서 그 소멸하는 불의 심판을 행하지 않으실 것이다. 하지만 복음이 땅끝까지 전해지면 불의 심판이 드러나게 될 것이다.

영원한 속죄 제물이 되신 예수 그리스도께서 그 안에 거하시는 심령에는 성령께서 함께 내주하시나, 그 영원한 속죄의 피를 끝까지 거부하는 자들은 출애굽의 그날처럼 심판을 견디지 못할 것이며, 죄와 죽음과 하나님 없는 허무 아래 갇힌 이 세상도 그 불에 해체될 것이다. 지금의 이 피조세계는 그 '심판의 불'에 의한 소멸과 동시에 '정화'의 과정을 거쳐, 다시는 죄나 죽음이나 하나님의 부재(不在)가 없는, 의와 생명과 하나님의 임재가 영원토록 거하는 새 하늘과 새 땅으로 다시 태어날 것이다.

그때까지, 이 '썩어지고 더럽고 허무한 세상'을 지나가는 주 예수 그리스도의 교회 곧 새 하늘과 새 땅의 백성들은, 주 예수 그리스도의 복음을 끝까지 붙들어야 한다. 날마다 그들의 거듭난 심령 안에 심겨 있는 '구원의 말씀'의 생명이 꽃피고 열매 맺도록 그 말씀을 온유함으로 받아야 한다. 매 순간마다, 세상의 썩어짐과 더러움과 허무함의 광풍에 휩쓸려 가지 않도록, 그들 안에 거하시는 '불과 같은 성령'으로 인하여 '더욱 정결하게, 더욱 거룩하게' 변모해 가야 한다.

마치 그 옛날 불 속으로 지나가도 타지 않았던 다니엘과 그의 세

친구들처럼, 장차 온 세상을 불로 심판하실 그 성령의 거룩하게 하심 속에서 날마다 더욱 그 영원한 빛과 사랑의 한가운데로 나아가야 한다. 그 아들 예수 그리스도의 말씀과 아버지께서 보내신 성령을 통하여, 하나님의 신적 본성의 모든 은총에 참여함으로, 장차 그들의 눈앞에 펼쳐질 '의와 화평'이 영원토록 거하는 새 하늘과 새 땅에 들어가 그 나라를 영원토록 다스리기에 합당한 자들로 '변모'되어 가야만 한다.

(2) 교회론 – '신적 본성에 참여하여, 신성한 성품에 성장하는 공동체'

그렇다면 누가, '의(義)가 거하는 바 새 하늘과 새 땅'에 들어가는가? 베드로후서의 본문이 잘 알려 준다. 그 '영원한 나라에 넉넉히 들어감을 얻는' 자는, 언약적 믿음으로부터 출발해서 그 '썩지 않고 더럽지 않고 쇠하지 않는 나라'에 합당한 '생명과 경건에 이르는 신적 성품에 참여하는 자'들이다(벧후 1:4). 베드로후서에서 신적 성품은, 믿음에서 시작한다. 그렇다고 그 믿음이 로마서에서처럼 '법정적인 칭의'를 받아들이는 믿음으로 묘사되지는 않는다. 지금 베드로는 예수 그리스도의 복음을 '율법'이 배경이 아닌 '세상'을 배경으로 설명하고 있다는 사실을 기억해야 한다.

베드로는 이 세상의 거짓과 더러움, 썩어짐과 허무함을 끌고 들어오는 거짓 가르침을 이겨 낼 수 있는 해법을 강조하기 위해, '믿음'을 그 위에 덕과 지식, 절제와 인내, 경건과 형제 우애 그리고 최종적으로 사랑이 세워지는 신적 성품의 기초로 놓고 있기 때문이다. 그래서 베드로후서의 문맥에서 '믿음'은, 그 믿는 자가 신성한 성품에 참여하여 변화되는 일을 위해 하나님께서 주권적 은혜로 베풀어 '주신' 모든 신적 능력을 '받아 누리는' 것과 관련되어 있다(벧후 1:3).

사실 베드로후서 1장 4절에 나오는 '신성한 성품' 또는 '신적 성품'이라는 표현은 어떻게 번역해도 쉽게 이해되기 어려운 말씀이다. 여기서 '성품'이라는 말의 원문은 '본성'(本性; 헬. 푸시스)에 가까운 의미이다. 그렇다면 이 본문은, 성도가 하나님 자신의 고유한 '본성'에 참여해야 한다는 것인가? 이를테면 '신인합일'(神人合一)처럼, 성도가 하나님과 하나가 되어 하나님처럼 되어야 한다는 것인가?

이런 오해의 가능성 때문에, 이 본문은 오래도록 꺼려지는 말씀이 되기도 했다. 피조물인 인간이 어떻게 창조주인 하나님과 같이 된다는 것인가? 그것은 아무리 신앙의 고고한 경지라고 해도 신성모독에 가까운 생각 아닌가? 이런 염려이다. 물론 이 말씀은 '피조물이 창조주처럼 되어야 한다'는 뜻이 아니다. 사람은 구원을 받든지 성화되고 영화롭게 되든지, 창조주 앞에서 언제까지나 피조물로 남을 것이다.

베드로후서가 가르치는 신적 본성에 참여하는 신성한 성품은, 피조물로서 창조주의 자리를 넘보는 모든 사이비 신비주의의 거짓 가르침과는 아무런 관련이 없다. 안타까운 사실은, 바로 이런 오해의 가능성 때문에 이 본문이 교회에게 주는 중대한 도전과 목표를 쉽게 간과하게 된다는 점이다. 사실 베드로후서 1장 4절이 권면하는 '신적 본성에 참여'하는 일은, 초기 교회 때부터 그 이후 중세까지 1,500

여 년 동안 교회가 가장 중요하게 여겨 왔던 말씀이요, 초기 교회의 신학과 교회론 그리고 신앙의 본질을 규정할 수 있을 만큼 무게 있는 말씀이었다.

초기 교회의 교부들은 예수 그리스도의 성육신과 그분의 고난과 죽음 그리고 승천의 복음에 관하여 자주 "하나님께서 사람이 되신 것은, 사람이 신(神)이 되게 하려 하심이다"라고 가르치곤 했다. 그래서 초기 교회에서 베드로후서 1장 4절에 '신적 본성에 참여함'은, 삼위 하나님과 연합하고자 하는 교회의 모든 거룩한 소망을 오래도록 떠받치는 견고한 말씀이 되어 왔던 것이다. 물론, 초기 교회의 교부들은 이 말씀의 참된 의미를 오해하지 않았다. 어떤 경우에도 피조물이 창조주가 될 수 없고, 그런 일은 일어나지 않는다.

신적 본성에 참여한다는 것이 '하나님의 본질'에 참여한다는 뜻이 아니다. 그럴 수는 없다. 그분의 본질은 알려지지도 않고 피조물인 인간이 참여할 수 있는 영역이 아니기 때문이다. 그래서 베드로후서가 말하는 '신적 본성에 참여'하는 일이란, 하나님의 '본질'은 아니지만 그분께서 은혜로 베푸시는 '신적인 본성'이라고 불릴 만한 은총들에 참여하여 '신성한 성품'에서 성장하는 것을 가리킨다.

그것은 마치 모세가 보았던 '가시떨기나무의 불꽃'처럼, 나무 자체는 타지 않으면서 거기에 불이 붙어 있는 것과 같다. 우리는 비록 피조물이지만, 동시에 하나님께로부터 오는 신성한 은총들로 충만하게 불타오른다. 마치 다니엘과 그의 세 친구도 불 속에 있었지만, 타지 않았던 것과도 유사하다 하겠다. 새 언약의 성취로 우리 안에 거하게 된 말씀과 성령이야말로, 하나님의 형상인 우리 안에서 하나님의 모든 신성한 은총들로 충만하게 하시는 하나님의 빛나는 임재요 불타는 능력인 것이다.

이와 같이 초기 교부들은, 하나님께서 사람이 되신 성육신의 사건 그리고 그분께서 우리의 고난과 죽음에 참여하시며 또한 하늘에 오르시어 영광을 얻으신 사건은, 그분을 믿는 모든 자가 하나님께 가까이 나아가 그분과의 연합 안에 거할 길을 열었다는 식으로 말하곤 했다. 즉, 하나님의 아들의 성육신과 십자가, 부활과 승천, 그리고 성령의 오심은, 하나님의 본성에 속한 '창조되지 않은 모든 신성한 은총들'을 통해 그 아들을 믿는 우리가 하나님과의 연합과 교제 가운데 들어갈 수 있도록 길을 열어 놓은, 놀랍고 영광스러우며 한없이 신비로운 복음인 것이다.

놀랍게도, 베드로후서는 이렇듯 신적 본성에 참여하게 하는 하나님의 은혜와 능력, 즉 '생명과 경건에 이르게 하는 모든 신성한 능력'이 예수 그리스도를 믿는 자들 안에 '이미 주어져 있다'는 놀라운 소식을 선포한다(벧후 1:3). 성도 안에 주어진 이 모든 신적 능력은 무엇인가? 그것은 다름 아닌, 새 언약의 성취를 통해 그 아들을 믿는 자 안에 '영원토록 내주하시는 말씀과 성령'을 통해 역사하는 새 생명과 경건의 능력이다(렘 31:33; 겔 36:26-27). 새 언약 백성은 이제 그 안에서 끊임없이 은혜와 진리, 생명과 사랑, 거룩과 의, 평강과 안식의 신적 은총들에 힘입어, 점차로 더욱더 하나님의 신성한 본성에 참여하게 되는 것이다.

베드로후서는 바로 이 '신적 본성에 참여함'이야말로, 이 땅의 교회로 하여금 그 어떤 거짓 가르침의 썩어짐과 더러움과 허무함으로부터 그들 자신을 지켜 내게 해 주는 하늘의 능력이라고 설득하고 있다. 그 신의 본성에 참여함으로써, 성도는 믿음과 덕, 지식과 절제, 인내와 경건, 형제 우애와 사랑이라는 신성한 성품을 갖추어 나가게 된다. 이 신적 성품의 8가지 덕들은 모두 하나님의 사랑에 의해 시작되고, 그 사랑에 의해 촉발되고 추진되며, 최종적으로 하나님의 사랑에 이른다.

하나님의 사랑은 참된 성도로 하여금 이 세상의 모든 불신과 부덕(不德), 무지와 방탕, 절망과 불경건, 증오와 살의(殺意)를 이겨 내게 하며, 결국 그 하나님의 사랑으로 하나님을 사랑하고, 자신을 사랑하고, 가족과 교회를 사랑하며, 더 나아가 이웃과 세상 그리고 피조세계까지 사랑하게 하는 신적 성품에 이르게 한다. 이처럼 신적 성품은 하나님의 그 놀라운 사랑을 받아들이는 믿음으로부터 시작해서, 더럽고 썩어지고 허무한 세상을 이길 만한 실제적이고 신성한 성품, 즉 덕과 지식, 절제와 인내, 경건과 형제 사랑을 갖추어 나가며, 결국 그 하나님의 사랑으로 사랑하는 자리에 이르는 성품을 가리킨다.

믿음에는 덕이 있어야 한다. 덕을 세울 줄 모르는 믿음은, 비록 그 믿음으로 산을 옮기고 기적을 일으켜 많은 사람을 모은다 해도, 형제를 실족하게 하고 세상 앞에서 교회의 덕을 허물고 하나님의 이름을 땅에 떨어뜨린다. 그리고 끝내는 그 자신조차 세상의 더러움과 썩어짐과 허무함에 굴복하게 만든다. 세상은 그렇게 만만한 상대가 아니다. 믿음이 있어도 덕을 세우는 성품에 이르지 못하면, 그 믿음은 자신과 이웃을 허물고 하나님의 영광을 가리게 된다.

그래서 믿음에는 덕이 있어야 하는데, 덕을 세우려면 지식이 따라와야 한다. 지식은 교만하게 하지만 사랑은 덕을 세운다. 지식에 필요한 것은 사랑에 따른 절제이다. 절제는 오직 인내를 통해서 참된 경건에 이르게 된다. 절제나 인내나 모두, 참된 소망에서 나온다. 그 결국은 경건인데, 그런 경건보다 더 나은 신적 성품이 있다. 그것은 형제 우애이다. 경건에 이르지 못한 형제자매라도 그들과 연합을 이루며 그들을 세워 주고 돕는 형제 우애가, 경건보다 탁월한 신적 성품인 것이다. 그리고 형제 우애의 절정은 사랑이다.

성경의 모든 덕은 사랑을 향해 성장한다. 사실 신앙도, 교회도, 역사도, 하나님의 사랑으로부터 출발해서, 그 사랑을 통해, 다시 하나님의 사랑에 이르는 과정에 관한 것이다. 신적 성품 역시 사랑으로부터 출발하고, 사랑을 통해, 사랑에 이르는 덕들이다. 이런 신적 성품에 참여하는 자들이 그 '영원한 나라에 들어감을 얻는' 자들이다. 그런 사랑의 '부르심과 택하심의 은혜'를 입은 자들은, 부지런히 신적 성품에 참여할 것이다. 베드로후서 3장 식으로 말하면, 그런 자들은 칭의의 선물을 받았을 뿐 아니라 하나님과의 바른 관계를 이루고, 그 바른 관계 안에서 의로운 성품과 행실을 통해 의의 열매를 맺으며, 결국 '의가 거하는 바 새 하늘과 새 땅'에 들어가는 것이라 할 수 있다.

그러므로 이 땅에서 신의 본성에 참여하여 신적 성품에서 성장하기를 힘쓰는 교회야말로(벧후 1:1-11), 세상에 속한 거짓교사들의 부패한 성품과 타락한 행실(2장)을 이겨 낼 수 있는 실제적 힘을 갖추게 된다. 거짓교사들의 영향력은 막대하다. 그들은 거짓 가르침뿐 아니라, 그 부패한 성품에서 뿜어져 나오는 탐욕, 교만, 방탕의 악덕과 온갖 악한 행실을 유행처럼, 바람처럼 교회 안에 퍼뜨리기 때문이다. 이런 거짓교사들의 더럽고, 썩어지고, 허무한 광풍(狂風)을 무엇으로 막아 낼 수 있는가?

한두 번의 이단세미나 또는 지식 위주의 제자훈련 정도로는 감당하기 어렵다. 성도들의 '성품'이 영적으로 그리고 실제적으로 변화하고 성장해야 한다. 영적, 지적, 정서적, 의지적으로, 즉 전인격적으로 신적 성품에 참여하는 변화만이 이런 악한 영향력에 실제적으로 저항할 힘을 제공한다. 삶 속으로 파고드는 거짓교사들의 영향력은 그만큼 강력하기 때문이다. 성도는 오직 신적 성품에 참여하고 변화하는 만큼, 그런 악덕들과 부패한 행실을 막아 낼 수 있다.

이것이 베드로후서의 진단이고 처방이다. 교회의 제1의 목적이 무엇인가? 전도인가? 선교인가? 봉사인가? 교회 건축인가? 세상 복을 받고 성공하는 것인가? 오늘날 '하나님의 본성에 참여하는 것'을 최고의 목적으로 삼는 교회는 그리 많지 않다. 하지만 초기 교회는 오래도록, 하나님을 믿는다는 것, 즉 예수 그리스도를 구주로 믿는 신앙생활이라는 것은 끊임없이 하나님께 가까이 가는 것, 중단 없이 더욱더 하나님의 본성에 참여하여 끝없이 성장해 나아가는 것으로 믿었고, 그런 일에 전력을 다해 왔다.

오늘날 교회 안에, 초기 교회가 지향했던 '하나님과의 연합'이나

'하나님을 뵈옵는 것'(Visio Dei)이라고 불렸던 그 신앙의 지고한 목적이 회복되어야 한다. 그렇게 교회가 삼위 하나님께 더욱 가까이 나아가기를 힘쓸 때에, 교회는 그 삼위 하나님께서 가까이하셨던 지극히 낮은 자들, 죄인들, 비참에 버려진 자들에게 더 가까이 나아갈 길을 찾게 될 것이다. 사랑이신 하나님께 더 가까이 다가가는 일은, 그 사랑으로 죄인, 죽은 자, 원수를 찾아 나서셨던 그분의 길에 더 가까이 다가가는 것이다.

은혜와 진리로 충만하신 그 아들에게 더 가까이 가는 것은, 오직 아버지의 뜻을 구하며 아버지의 일을 이루고 아버지의 영광만을 구하기 위해, 육신을 입으시고, 우리를 위해 고난당하시고, 우리의 죽음에까지 이르신 그 아들의 낮아지심에 가까이 가는 것이다. 거룩하시며 생명을 살리시는 성령님께 가까이 가는 것은, 소망 없는 자, 더러운 자, 살았으나 죽은 것과 같은 이들에게 더 가까이 가는 것이다. '하나님의 본성에 참여하는' 견고하고 참된, 그 깊은 영성으로 돌아가야 할 필요가 절실한 시대이다.

(3) 윤리적 비전 – '말씀의 빛과 생명 안에 거하라'

베드로후서는 거짓교사들의 거짓 가르침에 대해서, 1장 후반부인 12-20절에서 더욱 근본적인 처방을 제시한다. 그것은 성경 해석에 관한 것이다. 거짓교사들의 특징은 성경을 '자의적(恣意的)으로' 또는 '사적(私的)으로, 제멋대로' 해석한다는 데에 있다(1:20). 특히, 종말에 대해 성경의 예언이나 계시의 말씀을 따르지 않고, 자신들의 '눈에 보이는 대로, 그들이 지각하고 경험하는 대로' 믿고 떠든다.

이들은 예수님의 재림에 따른 세상의 심판과 재창조, 새 하늘과 새 땅의 복음을 최대한 지워 버리려 애쓴다. 종말도 없고, 심판도 없고, 새 하늘과 새 땅도 없으니, 그저 현세뿐이고, 지금 이 땅에서 누리는 탐욕과 방탕이 전부라고 가르치는 자들인 셈이다. 그들은 교회 안에 있고, 게다가 설교하고 가르치지만 실제로는 '무신론적 세속주의자들'과 다르지 않다.

거짓교사들의 이런 거짓 가르침은 어디에서 나오는가? 그들은 성경이 '하나님의 계시'임을 믿지 않는다. 성경이 하나님께로부터 왔으며, 하나님을 통해 전달되었으며, 하나님에 의해 해석되어야 함을 받아들이지 않는다. 그들은 성경을 '자의적으로, 제멋대로' 해석하는 데 익숙하다. 그것은 그들이 성경을 '자신의 욕망으로부터, 자신의 욕망을 통해, 자신의 욕망을 성취하기 위해' 읽는 일에 전문가가 되었다는 의미이다.

성경이 하나님의 계시라는 사실은, 성경 해석에 있어서 다음과 같은 근본적인 전제를 요구한다. 즉, 성경을 해석하는 해석자나 그가 속해 있는 이 세상이 '어둠'이고, 그가 해석하고자 하는 하나님의 말씀이 '빛'이라는 변치 않는 사실이다(1:19). 그 반대는 아니다. 해석자의 이성(理性)이든 그의 탐욕이든, 해석자가 자기 자신이 빛이고 자신이 읽고 해석하고 밝히고자 하는 성경 본문이 어둠이라고 전제하는 한, 그는 결국 자신의 이성과 탐욕의 어둠에 갇혀 나오지 못하게 된다. 그래서 거짓교사는 평생 성경을 연구하고 설교하고 가르치며 배워도, 그 계시의 말씀의 빛과 생명에 '접촉'됨이 없는 자이며 그래서 그의 육적 본성이 변화를 입지 못하는 자인 것이다.

이런 거짓교사들이 성경을 '사사로이'(헬. 이디아스) 해석한다는 말은, 성경을 지극히 '사적(私的)으로, 자기 자신 안에 갇혀서' 해석한다는 의미이다. 이들은 성령께서 말씀을 통해서 주시는 하늘의 빛과 생명이나 아버지의 사랑을 '공유(公有)함'이 없으며, 그런 은총들을 '만나고 사귀는' 일도 없이, 자기 자신의 이성적 판단이나 경험적 확신을 반복, 강화하는 해석을 일삼는다. '이렇게, 저렇게' 하면 복 받는다는 식으로 말하는 것이 전부인 자들이며, 자신의 이성과 경험을 넘어서는 하나님의 계시의 영역에 대해서는 '그럴 리도, 그럴 수도 없다'는 주장을 반복하는 자들이다.

성경이 하나님의 계시요, 해석자와 그가 속한 이 세상의 어둠을 밝히는 빛이라면, 해석이란 무엇인가? 그것은 결국 해석자가 '말씀의 빛'으로 자기 자신과 이 세상의 어둠을 밝히는 과정이 될 것이다. 오직 해석자 자신을 밝히고 치유하는 말씀의 빛 속에서만, 해석자는 자기 자신의 어둠과 세상의 어둠을 발견하게 된다. 이것이 참된 성경 해석의 기초이다. 이렇게 할 때, 성경은 성경을 해석하는 해석자와 그가 속한 세상을 치유하고 회복하여, 그로 하여금 신적 성품에 참여하게 한다. 이것이 거짓교사들의 거짓 가르침이 뿌리내린 잘못된 성경 해석을 바로잡는, 성경적인 성경 해석의 기초이다.

그러므로 성도가 거짓교사들의 거짓 가르침을 통해 교회 안으로 몰아쳐 들어오는 세상의 더러움과 썩어짐과 허무함의 광풍에 휩쓸리지 않는 길은, 그 자신이 '성경'을 하늘의 빛과 생명 그리고 사랑과 진리로 붙들어 주는 '계시로서' 읽고, 그 말씀의 빛 가운데 거하는 법을 배우는 것이다. 이렇게 할 때, 교회는 신의 본성에 참여하며 신적 성품에서 성장하는 새 하늘과 새 땅의 백성이 되어 간다. 다시금 '성경적인 성경 해석의 원리'는 '말씀이 빛'이고 '해석자가 어둠'이라는 사실을 잊지 말아야 한다. 그래서 해석자 자신이 신적 본성에 참여하여 신성한 성품으로 변화되는 일이 없는 성경 해석은 거짓인 것이다.

거짓교사들은 결코 '말씀의 빛'에 접촉되는 적이 없다. 이들은 말씀의 빛과 생명과의 '만남과 사귐'을 경험하지도, 그 안에 거하지도 못하기 때문이다. 언제까지나 자신의 '사사로운' 해석에 갇혀 있기 때문이다. 성경을 무수히 읽고 해석하고 설교해도, 이들은 그 자신이 말씀의 빛과 생명에 의해 변화되는 바가 없이 오히려 더욱더 세속적이 되어 간다. 그것이 그들의 탐욕이든, 경험이든, 이성이든, 이들은 '자기 자신의 욕망과 사념(邪念)에 갇혀,' 언제까지든지 자기 자신이 출처가 되고, 자기 자신이 방법이 되고, 그 자신이 목적이 되는 성경 해석과 설교를 내뱉는다.

베드로후서가 바로잡고자 하는 것은, 성경이 하나님께로부터 온 빛과 생명의 말씀, 곧 확실한 '계시'의 말씀이며, 그 말씀을 해석하는 자는 '어두움'이라는 전제에서 시작해야 한다는 것이다. 말씀의 '빛'은 그 말씀을 해석하는 해석자 안에 '빛을 가져오는 빛'(헬. 포스포로스), 곧 '샛별, 새벽별'(1:20)이신 우리 주 예수 그리스도의 광채를 드러낼 뿐 아니라, '참빛'이신 그분의 임재가 온 세상에 충만해지는 그 새 창조의 날까지 교회와 세상의 어둠을 밝히고 있다.

베드로후서가 전하는 놀랍고 기쁜 소식은, 성도로 하여금 세상의 더러움과 썩어짐에 휩쓸리지 않게 하고 도리어 '생명과 경건'에 이르게 하는 '모든 신적 능력'이, 주 예수 그리스도를 믿는 그들 안에 '이미 주어져 있다(!)'는 사실에 있다(1:3). 성도로 하여금 신의 본성에 참여하게 하는 그 '신적 능력'이란 사실상, 믿는 자 안에 '내주(內住)하시는 말씀과 성령'이시다. 믿는 자 안에는, 그의 영혼을 구원할 능력이 있는 말씀이 그의 거듭난 심령에 심겨 있으며, 그 심긴 말씀 곧 썩지 아니하는 씨앗의 생명을 발화시키고 열매 맺게 하는 성령의 역사가 활동하신다.

그러므로 성도는 자신 안에 내주하시는 말씀과 성령의 역사 안에서, 하나님과 주 예수 그리스도를 아는 일에 게으르지 않고 힘써 열매 맺는 자가 되어야 한다(1:3, 8). 그것은 성경, 곧 계시의 말씀을 하나님께로부터 오는 계시로 받아들이는 마땅한 태도를 갖는다는 것을 전제한다. 올바른 성경 해석 공동체 안에서 성도는 그 '빛과 생명의 말씀'을 만나고 사귐으로써 신의 본성에 참여하며 신적 성품에서 성장해 간다는 사실을 알게 된다. 성도는 이 신적 성품으로, 거짓교사들이 퍼뜨리는 악질 바이러스 같은 거짓 가르침의 더러움과 썩어짐과 허무함을 견디어 내고 저항한다.

베드로후서는, "오직 우리 주 곧 구주 예수 그리스도의 은혜와 그를 아는 지식에서 자라 가라"는 권면으로 마무리된다(3:18). 첫째는,

오직 성경을 하나님의 계시로 인정하는 겸손하고 부지런한 성경 해석, 그리고 둘째는, 그로 말미암아 신적 본성에 참여하며 신성한 성품에서 성장해 가는 것, 이 두 가지가 교회로 하여금 세상의 썩어짐과 더러움과 허무를 구정물처럼 쏟아 내는 거짓교사들의 거짓 가르침을 이겨 내고, 확실하게 자기 자신을 지켜 내는 '거룩하고 강력한 면역체계'이다.

X ― 열 번째 이야기

The Gospel and Message of the Catholic Epistles

X. 열 번째 이야기

요한일서의 복음,
어떻게 누리며 살아갈 것인가?

　예수 그리스도의 복음과 그 가르침을 당시 '유대교의 율법'보다는 '로마제국이라는 세상'을 배경으로 재해석하여 선포한 예루살렘의 사도들의 편지들을 보면, 그 정경적인 순차조차 상당히 의미 있는 배열임을 깨닫게 된다. 야고보서가 공동서신 전체의 서론으로서 하나님과 세상 사이에서 갈등하는 교회, 즉 세상과 부딪치는 교회의 초기 단계의 갈등 국면을 묘사하는 것으로 볼 때, 베드로전후서는 각기 '세상 속의 교회'와 '교회 속의 세상'을 다루는 서신들로서 그 다음 단계를 서술한다고 할 수 있다.

　이제 요한일서에 이르면, 교회와 세상은 단지 부딪치며 갈등하는 단계나 서로 뒤섞이며 혼잡해지는 단계를 지나, 서로에게서 심각하게 '분리, 대립하는 상황'을 배경으로 묘사된다. 요한일서가 기록된 배경은 2장 19절이 밝히는 것처럼, 수신자 교회들 가운데서 '분리'가 생겼기 때문이다. 예수 그리스도에 관한 정통 교리에 대하여 '다른 이단적 고백'을 하는 자들이, 그들이 속했던 원래의 신앙 공동체에서 나와서 '세상으로 나가 버린' 상황이 그 배경이다.

1. 주제 – '세상을 이기는 교회'

요한일서가 묘사하는 교회는, 세상과 아주 날카롭게 대립되고 분리된 상황을 전제한다. 교회와 세상을 나누는 그 '분리의 경계'가 더욱 선명해진 단계인 것이다. 세상은 '악한 자 아래'에 놓여 있고, 교회는 '그 아들과 아버지와의 코이노니아' 안에 거하고 있는 대립이 특징적으로 드러나는 것이다: "또 아는 것은 우리는 하나님께 속하고 온 세상은 악한 자 안에 처한 것이며"(요일 5:19). 요한일서는 이런 '묵시론적 이원론'의 구도를 잘 보여 준다.

이 세상은 악한 자 마귀에게 속한 것도 아니고, 악한 자 마귀가 이 세상을 영원히 차지한 것도 아니다. 하나님의 통치와 섭리 아래에서 이 세상은 '잠시, 제한적으로' 그 악한 자의 영향과 지배 아래 놓여 있다는 것이다. 요한일서는 세상의 배후에 있는 '이 핵심 세력'을 겨냥한다. 이런 '악한 자 아래에 놓인 세상'을 배경으로 하면, 예수 그리스도의 복음은 무엇이 될까? 교회는 어떤 것이라고 소개될까? 그리고 교회는 어떻게 살아야 한다는 것인가?

공동서신 전체의 주제가 '세상을 맞닥뜨린 교회'라면, 요한일서의 주제는 '세상을 이기는 교회'라 할 수 있다: "예수께서 하나님의 아들이심을 믿는 자가 아니면 세상을 이기는 자가 누구냐"(요일 5:5). '세상을' 이긴다는 것은, '세상에서' 이긴다는 것과 다르다. 세상에서 이겨도, 세상에 질 수 있기 때문이다. 예수 믿고 구원을 확신하고 세상 복을 많이 받아, 그 세상 복 때문에 시험에 들어 결국 '세상에 지고 마는' 그리스도인들, 교회, 목회자가 얼마나 많은가?

반대로, 비록 세상에서 져도 세상을 이기는 경우가 있다. 예수님도 바울도 베드로도, 초기 교회의 순교자들도 모두 세상에서는 진 자들이었다. 세상을 이기는 문제는, 세상에서 예수 믿고 잘 되는 문제와는 전혀 다른 영역이다. 그레코-로만 사회에서 '이긴다, 승리한다'는 것은 정치, 군사, 경제, 사회, 문화적으로 가장 큰 시대적 화두 가운데 하나였다. '정복자, 이긴 자'가 모든 것을 차지하고 지배할 수 있었기 때문이다.

실제로, 로마에서 대중적으로 널리 숭배받았던 '승리의 여신(女神)'의 이름은 '니케'였고, 오늘날 스포츠용품 회사인 '나이키'(Nike)라는 브랜드 명칭은 여기서 유래했다. '이기는 자'가 되는 것이 당시 모든 계층 모든 사람의 꿈이었던 그 시대에, 요한일서는 도대체 무슨 근거로 예수를 믿는 자가 '세상을 이기는 자'라고 담대히 선언할 수 있었던가?

당시 그리스도인들이 믿고 경배했던 '주 예수 그리스도'는 정치범으로 몰려 십자가에서 처형당한 범죄자였다. 그런 그가 어떻게 '이긴 자'(the Victor)로 추앙받을 수 있었을까? 도대체 세상에서 이기는 것은 무엇이며, 세상을 이기는 것은 어떻게 한다는 것인가? 한 가지 분명한 점은, 우리가 세상에서 이긴 자, 즉 오늘날 용어로 하면 세상에서 '성공한 자'가 되어도, 그렇게 '세상에서' 이기고 성공한 것 자체로 세상의 본질인 '죄와 죽음과 허무를 벗어날 수' 있는 것은 아니라는 사실이다.

2. 복음, 교회론, 윤리적 비전

베드로전후서는 이 세상의 본질이 '썩어지고 더럽고 허무한 것'임을 간파했다(벧전 1:3-4; 벧후 1:4, 2:20, 3:6). 다름 아닌 예수 그리스도의 십자가와 부활 그리고 성령의 오심이라는 구원 사건 자체가 세상의 본질을 증거하고 폭로해 버린 것이다. 로마제국에 흩어져 있는 모든 그리스도인은 이제 예수 그리스도의 복음을 통해, 그 화려하고 유혹적이며 때로 위협적인 세상의 본질이 무엇인지 꿰뚫어 보아야 했다.

베드로전후서에 의하면, 예수 그리스도의 복음이란 '썩지 않고, 더럽지 않고, 쇠하지 않는 나라' 곧 그 '영원한 나라, 새 하늘과 새 땅'이 이미 그들의 것임을 알고 누리는 '살아 있는 소망'에 있다(벧전 1:3-4; 벧후 1:11, 3:13). 그래서 이 복음을 가진 자는, 이 세상 한복판을 거류민과 나그네로, 제사장 공동체로, 그리고 신적 본성에 참여하는 자들로 살아간다.

　요한일서는 여기서 한 걸음 더 나아간다. 교회가 여행자로 지나가는 '세상의 영적 배후 세력의 정체와 그 압제의 본질'을 폭로하는 것이다. 이 세상이 그 아래 처해 있는 그 악한 자 마귀는 어떤 자인가? 그는 무엇보다 '거짓'의 아비요 '범죄'한 자요 '증오'하는 자요 '살인' 자이다(요일 3:8; 요 8:44). 일시적이고 제한적이지만, 마귀의 지배 아래 놓인 세상을 지배하는 특징도 정확히 이와 일치한다. 즉, 세상에서 가장 흔한 것이 거짓말이고, 범죄이고, 증오이고, 살인 곧 전쟁과 파괴인 것이다.

(1) 복음 – '영원한 생명'

　요한일서가 예수 그리스도를 묘사할 때, 처음부터 그를 '생명의 말씀', '영원한 생명', '진리' 그리고 '사랑'으로 소개하는 이유도 여기에 있다(요일 1:1-2, 8, 2:4, 4:14). 아버지 하나님께서 세상에 그 아들을 보내심은, 자신을 떠난 이 세상을 '이처럼 사랑하셨기' 때문이다(요일 3:7-10; 요 3:16). 그 아들이 있는 곳에는 그래서 항상 그 아들을 보내신 아버지의 사랑이 있다. 아들이 있는 자에게는 생명이 있고(요일 5:12), 그 아들의 생명을 가진 자는 그 아들을 보내신 아버지의 사랑 안에 거하게 된다(요일 4:15-16). 이것이 악한 자 아래 있는 세상에게 전하는 복음, 기쁜 소식이다.

　요한일서가 선포하는 복음은 '영생', 곧 '영원한 생명'으로 나타난다(요일 5:13). 왜 복음을 '칭의'(Justification by Faith)로 표현하지 않았을까? 율법을 상대해서 복음을 설명한 것이 아니기 때문이다. 왜 복음을 '영원한 생명'이라고 설명했을까? 악한 자 마귀 아래 놓여 있는 세상에서 사람들이 가장 원하지만 가장 얻을 수 없는 것이 생명이기 때문이다. 그렇지 않은가? 이 세상에서 죽도록 원하고, 그렇게 남을 짓밟은 대가로 얻는 생명조차 '영원한 생명'이 아닌 것이다.

'영원한 생명'이란 무엇인가? 간단히 말하면, 그것은 죄와 죽음과 하나님 없는 허무가 해결된 삶이며, 삼위 하나님과의 교제 가운데서 누리는 생명, 곧 '그 아들의 생명과 아버지의 사랑 안에서, 우리와 너희가 더불어 누리는 의와 화평의 코이노니아' 그 자체이다(요일 1:3). 이것은 새 언약의 성취의 결과로서, 그 아들을 믿는 이에게 주어지는 은혜의 선물이다. 오직 그 아들 안에서만, 우리는 죄와 죽음과 허무를 이기기 때문이다.

요한일서는, 하나님의 아들이신 예수 그리스도를 '태초부터 있어 온 생명의 말씀'이며 '영원한 생명'으로 선포한다. 요한의 이런 선포는 '사도들의 증언'에 기초한다. 예수님의 제자들이었던 사도들은 '태초부터 있어 온 생명의 말씀', 곧 '말씀이신 그 아들이 육체로 오신' 사실을 실제로 '보았고' 증거했다(요일 1:1; 요 1:14). 동시에 요한을 포함한 사도들은, 십자가에서 죽으시고 사흘 만에 부활하신 '영원한 생명'이신 그 아들을 '주목하여' 곧 '자세히' 보고 확증했다(요일 1:1-2; 요 20:25). 요한일서가 선포하는 복음은 이러한 사도적 증언에 기초한다. 이것은 참으로 놀라운 복음이다. 이것은 무슨 뜻인가?

요한일서의 증언에 의하면, 예수 그리스도는 첫째, 세상 이전부터 계셔 온 '생명의 말씀'이시다. 둘째, 그분은 이 세상이 끝난 후에 비로소 시작될 '영원한 생명'이시다. 그런데 놀라운 사실은, 세상 이전부터 계셨던 그 '창조의 말씀, 생명을 주시는 그 말씀이신 하나님의 아들'이 '세상 안으로 직접 들어오셨다'는 것이다! 요한이 전하는 복음은 우리의 상상을 초월한다. 시간과 공간의 한계도 초월한다. '태초부터' 계신 이가 자신의 피조세계 안에 들어오셨다. 그것도, 이 세상을 창조한 생명의 말씀이신 그분이 '육체로' 세상에 들어오셨다. 이제 세상은 어찌 될 것인가?

요한일서는 이 놀라운 '생명의 복음'을 또 다른 방식으로 강조하며 선포한다. 세상 안으로 들어오신 '태초부터 계셔 온 생명의 말씀'이신 그 아들은 동시에, 십자가에서 죽고 부활하신, 세상이 끝나고 열리는 새 하늘과 새 땅에서야 전격적으로 드러나게 될 그 '영원한 생명'이시라는 것이다. 유대인들에게 '부활'은 역사와 세상 끝에서나 일어날 일이었다. 그런데 예수님은 이미 '나는 부활이요 생명'이라고 하신 것이다(요 11:25). 세상이 끝난 후에야 시작될 그 '영원한 생명'이, 지금, 여기에, 이 세상 안에 '이미' 들어오신 것이다. 이제 세상은 어떻게 될 것인가?

이 세상은 하나님의 전적인 주권 아래에 있지만, 잠시, 제한적으로, 악한 자 마귀의 손 아래 붙잡혀 있다(요일 5:19). 거짓의 아비요, 범죄자요, 살인하는 자요, 증오하는 자요, 파괴하는 자인 마귀의 세력 아래 있는 이 세상은, 그래서 거짓과 범죄와 살인과 증오와 전쟁과 파괴가 일상인 곳이다. 태초부터 계셔 온 창조의 말씀, 생명의 말씀이신 분이 이 세상 안으로, 육체로 들어오셨다는 사실, 그리고 이 세상 끝에서나 펼쳐질 영원한 생명이신 그 아들이 이미 이 세상 안으로 들어오셨다는 사실, 이것이 요한일서가 요한복음과 함께 선포하는 '해방의 기쁜 소식' 곧 복음이다.

어둠이 빛을 이길 수 없듯이, 증오도 사랑을, 거짓도 진리를, 죽음도 생명을 결코 이길 수 없다. 초기 교부들은 예수님의 죽으심과 부활 사건을, '사망이 생명의 주(主)이신 그 아들까지 삼키다가 사망해 버린 사건'으로 묘사하곤 했다. 사망이 '큰 바위 같은 반석(磐石)'이신 그 아들까지 삼키다가 그만 자신의 배가 찢어지고 터져 죽은 사건이라는 것이다. 태초부터 계셔 온 생명의 말씀이요, 영원한 생명이신 그 아들이 육체를 입고 세상에 오셨고, 피를 흘리시며 십자가에서 죽으셨고, 육체로 부활하셨으며, 그분으로 인하여 성령이 이 땅에 임하게 된(요일 5:6-8) 이 세상은, 이제 더 이상(!) 거짓과 죄와 죽음과 증오와 허무 아래 갇혀 있을 수 없다. 새 하늘과 새 땅의 실체가 이미 이 옛 세상 안으로 들어온 것이다.

그 결과가 요한일서가 선포하는, '삼위 하나님과 우리와 너희의 코이노니아'(요일 1:3)이다. 생명이신 그 아들과 사랑이신 그 아버지와 교제하게 하시며, 그 영원한 코이노니아 안에서 의와 화평과 안식을 누리게 하시는 분은 성령 하나님, 곧 코이노니아의 영이시다. 성령께서 그 아들로 말미암아, 아버지 하나님과 그 아들에게 속한 모든 신령한 은혜, 진리, 생명, 능력, 사랑, 의와 화평, 그리고 참된 안식을 공급하시며 이루어 가게 하신다. 사람이 그 아들을 믿음으로써 삼위 하나님의 코이노니아에 참여하는 것, 그것이 우리가 누리는 영원한 생명이다. 그것은 또한 새 하늘과 새 땅의 시작이요, 지금 여기서도 경험되는 하늘과 종말의 강력한 현존(presence)이다.

(2) 교회론 – '아들과 아버지와 우리와 너희의 코이노니아'

요한일서의 복음에 따르면, 교회란 '삼위 하나님과의 교제 안에 들어간 공동체', 곧 '코이노니아'이다. 그 아들의 생명과 아버지의 사랑 안에서 성령을 통해서, 의와 화평의 사귐과 나눔을 누리는 공동체이다. 그 아들이신 '말씀'이, 살아 역사하는 참된 코이노니아의 기초이다. 그 아들의 말씀의 생명이 없는 곳에서 아버지의 사랑이 경험될 수 없고, 성령의 의와 화평의 역사가 있을 수 없다. 말씀 곧 진리이신 그분, 생명이신 그 아들이 계신 곳에 아버지의 사랑이 있고, 성령께서 주시는 의와 화평의 나눔이 있고, 그분께서 치유하고 해방하시는 참된 사귐이 일어난다.

사도 요한은 그 아들, 곧 영원한 생명이며 '참빛'이신 그분이 악한 자 아래 있는 이 세상에 '육체로'(!) 오셨다는 복음을 전한다. 이것은 어둠과 죽음의 지배 아래 있는 코스모스 안으로 들어온 '참빛의 침투'이며, '영원한 생명의 침입'에 관한 기쁜 소식이다. 악한 자 마귀는, 그 아들이 세상에 오신 사건을 막지 못했다. 그래서 그가 '육체로 오신 것'을 부인하는 거짓 교리를 만든다(요일 2:22, 4:2, 5:6; 요이 1:7).

하지만 '육체로 오신' 그 아들을 통해, 생명과 빛, 아버지의 사랑의 생수(生水)의 강물은 이미 이 비참한 코스모스 안으로 흘러 들어왔다. 이제 마귀 아래에 놓인 거짓과 증오, 죄와 사망의 코스모스는 결정적으로 균열을 일으켰고, 서서히 그리고 최종적으로 파괴되어 간다. 여기에 삼위 하나님과의 코이노니아의 강력한 역사와 능력이 드러난다.

교회란 무엇인가? 신약성경에서 '에클레시아'나 '코이노니아'는 둘 다 교회의 본질을 묘사한다. 에클레시아가 '…로부터(from) 나온' 교회라면, 코이노니아는 '…으로(into) 들어간' 교회를 가리킨다고 할 수 있다. 구약 교회는 이집트의 압제로부터 나왔다. 그러나 그것은 교회를 부르심의 목적도, 그 최종적인 본질도 아니다. 이집트에서 나온 그들은, 결국 가나안 땅으로 들어가야 했다. 옛 언약 백성은 그것을 '젖과 꿀이 흐르는 땅'으로 이해했지만, 요한일서는 그 약속의 땅의 본질과 실체가 '삼위 하나님과의 코이노니아'임을 알려 준다. 그 아들과 성령의 오심을 통해 하나님의 계시가 그 절정에 이른 것이다.

그래서 코이노니아는 에클레시아를 전제하지만, 코이노니아에 이르지 못하는 에클레시아는 말하자면 껍데기에 불과하게 된다. 방향도 목적도 그리고 그 내용도 잃어버린 교회가 되는 것이다. 코이노니아가 에클레시아의 내용이고 본질이기 때문이다. 요한일서가 알려 주는 교회의 본질은, 삼위 하나님과의 코이노니아를 누리는 공동체이다. 이 코이노니아는 특별히 '내면적이고, 영적이며', 동시에 '외면적이고, 육체적, 물질적'이다.

'코이노니아'란 무엇인가? 구약에서 이 용어에 해당하는 가장 적절한 개념은 '언약'(히, 베리트)이다. 두 개념 모두 하나님과의 관계를 규정하고, 이를 근거로 이웃과 세상과의 관계를 규정한다. 하지만 구약의 언약 개념이 갖는 외면적, 법적, 민족적 특징에 비해, 코이노니아는 훨씬 더 내면적이고 영적이고 인격적인 관계를 묘사한다. 그것은 신약의 코이노니아가 '새 언약' 성취의 결과이기 때문이다(겔 36:22-28; 렘 31:31-34 ; 참조.『코이노니아와 코스모스』, 196-211).

요한일서가 구원을 굳이 '하나님의 나라'라는 개념으로 묘사하는 대신 '영원한 생명'으로 표현하는 이유가 여기에 있다. 구원은 하나님의 '통치나 그 통치가 실행되는 영역'이기도 하지만, 그 본질에 있어서는 삼위 하나님과의 '영적이고 전인격적인 사귐과 나눔'이기 때문이다. 베드로후서가 권면하는 '신의 본성에 참여하여 신적 성품에서 성장'하는 일도 결국, 요한서신이 그토록 강조하는, 성경 계시의 목적인 삼위 하나님과의 코이노니아('공유, 만남과 사귐, 연합, 나눔')에 참여함을 가장 신성하고 지고한 목적으로 삼음으로써 가능하게 된다.

삼위 하나님과의 거룩하고 영원한 생명과 사랑의 코이노니아야말로 에덴 동산의 회복, 성전의 회복, 그리고 새 하늘과 새 땅의 핵심이기 때문이다. '하나님의 본성에 참여'하여 신성한 성품에서 성장하는 일은 삼위 하나님을 '힘써 앎으로써' 가능해진다. 이것이 베드로후서가 계시인 하나님의 말씀을 올바로 대하고 올바로 해석해야 함을 강조하는 이유이다. 동시에, 이러한 '앎, 하나님을 아는 지식'은, 성령 안에서 성도가 삼위 하나님과의 '친밀한 사귐' 가운데 거할 때에 이루어진다.

요한일서가 '그 아들과 아버지와 우리와 너희의 코이노니아'의 중요성을 강조하는 이유가 여기에 있다. 공동서신 각 권이 배열된 그 정경적 위치들을 생각해 보면, 요한일서가 강조하는 '삼위 하나님과의 코이노니아'가 그 절정에 놓여 있음을 알게 된다. 모든 것이 이 '삼위 하나님과의 코이노니아'에서 흘러나온다. 여기서 베드로후서가 말하는 '신의 본성에 참여함'이 가능해지고, 여기서 베드로전서가 말하는 '살아 있는 소망'에서부터 나오는 '참된 사랑'이 가능해진다.

그리고 여기서 야고보서가 가르치는 '나뉘지 않은, 전심의 마음', 그리고 그로부터 열매 맺는 '세상을 이기는 참된 경건'이 솟아난다. 모든 것이 그 아들의 말씀, 곧 생명의 말씀을 먹고 마시며, 그 아들을 보내 주신 아버지의 사랑 안에서, 성령의 역사하심으로 치유 받고 회복되는 그 '회복된 코이노니아'를 통해 이루어진다. 여기가 바로 하늘의 하나님 보좌 앞에 흐르는 생수의 강이 있는 곳이다. 요한일서는, 어떻게 거짓과 불의, 증오와 죽음이 지배하는 이 세상('코스모스') 안에, 하나님의 나라, 곧 새 하늘과 새 땅의 통치('코이노니아')가 '침투'했는지를 설명한다.

그것은 '태초부터 있는 생명의 말씀', 곧 그 '영원한 생명'이 이 세상 속에 실제로 '육체로 오셨다'는 사실에서 결정적인 국면을 맞이한다. 그 아들이 육체를 입고, 거짓의 아비요 죄지은 자요 증오하고 살인하는 자인 마귀가 '일시적으로 그리고 제한적으로' 지배하는 이 세상 속으로, 진짜, 실제로 침입해 들어오신 것이다. 이것이 요한일서가 선포하는 놀랍고 충격적인 복음, 곧 하나님 나라의 침투, 도래(到

來)에 관한 복음이다.

　이제 이 세상이 잠시 그의 손 아래 놓인, 그 '악한 자 마귀'의 통치는 더 이상 지속될 수 없다(요일 5:19). 그 아들이 영원한 생명과 빛과 사랑을 가지고, 이 세상에 직접 들어오셨기 때문이다. 어둠이 빛을 품고 얼마나 견디겠으며, 죽음이 생명을 끌어안고 얼마나 버티겠는가? 증오는 사랑을 견디지 못한다. 아이를 밴 산모의 배에서 양수가 터지며 새 생명이 탄생하듯, 이 세상은 곧 '새 하늘과 새 땅'으로 변모될 것이다.

　이 세상 속에 이미 들어온 그 아들의 생명과 아버지의 사랑과 빛 그리고 성령의 새롭게 하시는 역사는, 그 아들을 믿는 자들과 그 믿는 자들이 속한 '삼위 하나님과의 코이노니아'인 주 예수 그리스도의 교회 안에 풍성하게 차고 넘친다. 이 '새 하늘과 새 땅의 통치'는 교회 안에 충만하게 되고, 결국 그리스도의 몸 된 교회를 통해 코스모스, 곧 이 모든 피조세계 안에도 충만하게 될 것이다. 그때에는 해와 달이 쓸데없고 하나님께서 우리의 빛이 되실 것이며, 우리는 하나님과 함께 영원히 살게 될 것이다. 코스모스가 삼위 하나님과의 코이노니아로 충만하게 되는 때이다.

　예수를 믿는다는 것은, 하나님께서 완성해 가시는 우주적인 갱신(regeneration)에 참여한다는 뜻이다. 우리의 신앙은 '나 홀로 걷는 천로역정'만이 아니다. 내 구원의 완성은 부활 육체를 받을 때에 비로소 온전함에 이른다. 하지만 내가 부활 육체를 받는 때는, 이 세상이 하나님과 그리스도의 나라가 되는 때(계 11:15), 곧 새 하늘과 새 땅이 온전히 이루어지는 그때이다. 그러니까 나 한 사람의 구원도, 온 우주의 회복과 갱신에 맞물려 있는 것이다. 구원은 그렇게 처음부터 우주적인 차원과 얽혀 있다.

오늘날 스스로 세속화되어 있다는 사실조차 충분히 자각하지 못하는 교회에게, 요한일서가 그려 내는 '지극히 영적이고 친밀하며, 지극히 인격적이고 또한 우주적인' 깊고 폭넓은 영성이 절실하다. 교회는 '나 홀로 복 받는 신앙'에 갇혀 있어서도 안 되고, 그럴 필요도 없으며, 그럴 수도 없다. 하나님을 떠난 열방이 돌아와 하나님 나라의 백성이 완성될 때까지, 나의 구원은 온전함에 이르지 못한다. 신자 한 사람이, 자신의 구원을 위해서라도 열방의 회복에 진력해야 하는 이유가 여기에 있다. 구원은 한 사람이 하나님 앞에서 개별적인 인격으로서 받고 누리는 차원도 있지만, 본래부터 공동체적이고 우주적인 사건인 것이다.

또한 요한일서는, 건물이 아니라 그 건물 안에 모이는 성도들이 누리는 '삼위 하나님과의 코이노니아'가 교회의 본질임을 일깨워 준다. 성도의 모임의 중심에는 언제나 그 아들의 현존, 즉 생명의 말씀의 임재가 있어야 한다. 거기에 그 아들을 보내신 아버지의 사랑이 부어지며, 바로 거기에 그 말씀을 증거하는 성령의 역사가 일어나기 때문이다. 교회의 살아 있는 중심은 늘 '성만찬'에서처럼 그 아들의 생명을 나누어 먹고 마시는 일이다.

포도주를 마시고 떡을 떼며 주의 살과 피를 기리는 성만찬이 의미하는 '그 아들을 먹고 마심'의 의미는, 성경을 묵상하고 해석하는 일

뿐 아니라 말씀을 선포하고 가르치는 설교의 본질을 드러내기도 한다. 성경 해석이나 설교 그리고 성도의 교통은 모두 동일한 본질을 품고 있는데, 그것들은 아버지의 사랑 안에서 그 아들의 생명을 성령을 통해 먹고 마시는 다양한 방식들이기 때문이다.

(3) 윤리적 비전 – '거함과 나타남'

요한일서에 의하면, 교회는 '삼위 하나님과의 코이노니아'를 누리는 공동체이다. 교회는 그 아들의 생명과 아버지의 사랑과 성령 안에서의 나눔과 교제를 누리는 공동체이다. 교회의 본질은 삼위 하나님 안에서 살아 있는 영적 코이노니아이기 때문이다. 교회는 종종 '사역을 위한 협력집단' 정도로 비치기도 한다. 하지만 하나님은 성도를 사역으로 부르시기 전에, 사귐을 위해 부르셨다. 사귐이 사랑이고, 사랑이 사역이다. 사역자들이 그렇게 열심히 사역하면서도 생명력을 잃어 가는 이유가 무엇인가?

하나님과의 사귐이 없는 사역에는, 아버지의 사랑도 그 아들의 생명의 흘러넘침도 없다. 사랑은 사귐에서 나오고, 생명은 사랑에서 흘러나온다. 사랑 없는 사역에는 열매가 없다. 사랑은 사귐에서, 그 아들의 생명을 누림에서 나오는 것이다. 진정한 코이노니아가 사라진 채 사역만 남은 교회에서 성도는 '인격이 아니라 물건'으로 전락하기 쉽다. 악한 자 아래에 있는 세상의 특징은, 하나님께서 자신의 형상을 따라 지으신 인격체인 사람을 '그것'(it)으로 취급하여 '물화'(物化)

하는 경향이다. 마귀는 사람에게서 인격성을 빼앗아 감으로써 하나님의 형상을 파괴한다. 이것이 세상의 특징이다.

교회란, 세상에서 '그것' 취급당하던 사람을, 하나님께서 자기 아들의 생명을 내어주사 사랑하신 '인격'으로 회복시키는 코이노니아이다. 참된 교회는 '나와 그것'의 관계가 아니라, '나와 너'의 관계 그 이상으로 '하나님과 우리' 사이의 영원한 생명과 사랑의 사귐을 회복시킨다. 세상은 모두 이런 사귐에 대한 갈망에 굶주려 있다. 세상 사람도 본능적으로 기쁨이나 쾌락이 사귐에서 나온다는 사실을 알고 있다. 다만, '참된 사귐'을 알지 못할 뿐이다. 진정한 기쁨은 참된 사귐에서 나온다(요일 1:3-4). '에덴'이란 '즐거움, 기쁨'이라는 뜻이다. 거기에 삼위 하나님과의 사귐이 있기 때문이다.

열매 맺는 사역은 하나님의 사랑에서 나온다. 그리고 그 사랑은 참된 사귐에서 나온다. 이 악한 자 아래에 놓인 코스모스 안에서 가장 심각하게 파괴된 것이 사귐, 곧 코이노니아이다. 교회는 세상에 침투한 생명과 사랑과 빛의 코이노니아, 곧 새로운 에덴동산이다. 삼위 하나님과의 사귐을 통해 그 영원한 코이노니아 안에 '거(居)하는' 것, 그리고 그 빛과 생명 안에서 '행(行)하는' 것, 그렇게 함으로써 우리 안에 거하시는 삼위 하나님의 생명과 사랑과 빛을 우리도 끝내 우리의 '육체로 나타내는 것', 그것이 교회의 삶이다.

요한일서는 '거함'을 강조한다. '거한다'는 것은 사람이 새로 이사 간 집 안에 머무르며 거기에 실제로 사는 것처럼 '지속적으로 내주(內住)'함을 뜻한다. 혹시 이사를 했어도 그 이사 간 집에 실제로 들어

가서 살지 않는다면 그 집에 '거한다'고 할 수 없다. 이처럼 '거한다'는 것은 일시적이 아닌 '지속적인' 행위를 가리킨다. 화분에 식물을 옮겨 심었다면 옮겨 심은 것은 한 번 일어난 일이지만, 옮겨진 상태에 계속해서 '머무는' 것은 지속적인 과정에 속한다.

비유적으로 말해서 씨앗이 땅에 심긴 것도 일시적 사건이지만, 단지 땅에 심겼다는 사실만으로는 그 씨앗이 뿌리를 내리고 꽃을 피울 것이라고 말할 수 없다. 씨앗이 땅에 심겼다는 변화와, 그 심긴 씨앗이 싹을 내고 꽃을 피우고 열매를 맺는 과정은, 서로 연속적이지만 실제로는 전혀 다른 영역이라고 할 만큼 큰 차이가 난다.

공동서신이 '인내와 소망'을 강조하는 이유가 여기에 있다. 좋은 열매를 맺으려면 좋은 나무에 접붙여져야 한다. 그렇게 접붙여지는 것은 일순간이다. 유사하게, 신자가 '의롭다 하심'을 입고 '하나님의 자녀'로 입양되는 것은, 믿을 때에 일어나는 단회적이고 순간적인 사건이다. 하지만 그렇게 하나님의 자녀로 입양된 신자가 참으로 하나님의 자녀다운 형상으로 빚어져 가기까지는, 수없는 연단과 인내, 즉 소망으로 견디는 과정이 요구된다.

이런 점에서 요한일서는, 야고보서가 강조하는 '인내'나 베드로전서가 강조하는 '소망' 그리고 베드로후서가 강조하는 '성장'보다 더 궁극적으로 깊은 차원에서 '거함의 신앙'을 강조하는 셈이다. '코이노니아'라는 것 자체가 '공유와 거함, 만남과 연합, 사귐과 나눔'을 본질로 하기 때문이다. 요한일서가 교회를 코이노니아라고 정의했을 때, 그것은 삼위 하나님과 함께 그 아들을 공유함으로써 성령 안에서 하나님의 신성(神聖)한 모든 은총을 통해 하나님을 만나고 사귀며 영원토록 교제하는 상태를 가리킨다.

요한일서가 삼위 하나님 안에 '거함'을 지복(至福)으로 묘사하는 것은, 참으로 놀랍고 복된 소식이 아닐 수 없다. 삼위 하나님과의 코이노니아를 통해서, 성도는 그 아들의 진리와 은혜, 아버지 하나님의 사랑, 그리고 성령 하나님의 생명의 임재와 능력으로 충만해진다. 그리고 거짓과 비은혜, 증오와 살인이 본질인 '악한 자 아래에 놓인 코스모스' 안에서 그런 세상을 향해, 그 진리와 은혜, 사랑과 생명의 강수(江水)를 지속적으로 흘려보내는 '복의 통로'가 되는 것이다.

예수 그리스도, 곧 하나님의 아들 안에 있는 모든 신적 은총이, 교회인 그들 자신만이 아니라 그들을 통해 만유 안에 충만해지기까지, 그들은 그 아들로 말미암아 성령을 통해 아버지 안에 '지속적으로 거하는' 것이다. 요한일서는 삼위 하나님 안에 거하는 교회가 그 삼위 하나님의 빛과 생명과 사랑의 충만을 '나타내는' 것을 강조한다. 아버지 하나님께서 보내신 그 아들은 이 세상에 '육체로 오셨다'(요일 4:2). 그 아들이 '육체로 오셨다'는 사건의 중요성은, 그 아들의 신성과 하늘에 속한 모든 은총의 충만이, 잠시 악한 자 아래에 놓여 있는 이 세상 '안으로, 실제로 들어왔다'는 사실을 뜻한다.

그러니까 어둠 속에 빛이, 죽음 속에 생명이, 증오 속에 사랑이, 허무 속에 영원이 실제로 침투해 들어온 것이다. 새 하늘과 새 땅은 바로 그 아들의 성육신을 통해, 그리고 하늘로부터 오신 성령을 통해, 그리고 그 아들이신 말씀과 성령이 내주하시는 교회, 곧 하나님과의 코이노니아를 통해 다시 계속해서 육체 안으로, 이 세상 안으로 침투해 들어온다.

하나님의 아들이 그 신성(神性)의 충만함과 영원한 생명을 가지고 친히 육체로 오셨다. 이제 육체는, 그리고 그 육체가 속한 모든 피조 세계는 '육체로 오신 그 아들'의 신성으로 충만해지기 시작했다. 그 아들의 육체 안에 그분의 신성이 충만했던 것처럼, 하나님께서 친히 거하시는 그분의 새 백성은 그분의 신성으로 충만해진다. 그리고 그들의 육체 역시, 하나님의 신성에 참여하여 더 깊고 온전한 연합을 향해 나아간다.

종국에, 교회는 삼위 하나님의 신성과 은총으로 온전히 충만해질 것이다. 만물 역시 그리스도 안에서, 그리스도를 머리로 하는 교회 안에서 모든 신성으로 충만해지는 날이 마침내 이를 것이다. 이것이 '하나님께서 우리 안에, 우리가 하나님 안에 거하는' 연합의 신비이다(요일 4:12-16). 먼저 하나님께서 그 아들을 내어주신 은혜로써 우리 안으로 찾아오셨다. 그리고 그 아들을 믿는 새 백성은 그 아들의 영, 성령을 통해 아버지의 품 안으로 더욱 깊이 걸어 들어간다.

그럴 때 우리의 영과 육, 지성과 감성과 의지는 모두 그분의 신성으로 거룩해지고 그 은총으로 충만해지며, 온전히 그분의 것이 되어 간다. 이것이 '나는 너희의 하나님이 되고, 너희는 내 백성이 되리라' 하셨던 언약공식(Covenant Formula)이 말해 왔던 바(출 6:7; 렘 31:33; 겔 36:28), 옛 언약과 새 언약, 성경의 모든 언약의 본질적이고 궁극적인 실현이다. 그러므로 영원한 생명이신 그 아들이 육체로 오신 것처럼,

그 아들의 생명을 받은 성도 역시 그 사랑을 육체로 나타내야 한다.

사랑은 '언약처럼' 본질상 상호적이다. 인격적이고 쌍방적이고, 그런 점에서는 사랑하고 사랑받는 자가 대등한 자리에 서는 것이다. 사랑이 서로를 그렇게 존귀하게 끌어올리기 때문이다. 그래서 우리가 그 아들을 통해 하나님의 희생적이고 극진한 사랑, 고귀한 사랑을 받았다는 증거는, 그와 똑같이 희생적이고 극진하고 고귀한 사랑으로 그분을 사랑하겠다고 결심하며 나오는 것이다. 그리고 그분이 사랑하겠다고 하는 대상을 나도 그렇게 전적으로, 희생적으로, 끝까지, 나를 내어주며 사랑하는 거기에, 하나님의 사랑을 받은 사람의 거짓없는 증거가 있는 것이다.

그 아들을 내어주신 아버지의 사랑을 받은 우리도, 말과 혀로만이 아니라 오직 행함과 진실함으로 사랑해야 한다. 그 아들이 '육체로 오신' 것처럼, 우리도 삼위 하나님과의 코이노니아의 임재를 통해 그 아들의 생명과 아버지의 사랑과 성령의 빛 안에 필사적으로 거하여, 우리 안에 충만한 그 신성한 은총의 임재를 우리의 육체로 '나타내야' 하는 것이다. 우리의 부활 육체와 새 하늘과 새 땅이 그 아들의 영생과 아버지의 사랑과 빛으로 충만하여 우리 눈앞에 나타나는 그날이 이르기까지 그렇게 해야 한다.

XI 열한 번째 이야기

The Gospel and Message of the Catholic Epistles

XI. 열한 번째 이야기

요한이서, 요한삼서, 유다서의 복음과 메시지

　요한이서와 요한삼서가 유다서와 공통의 주제를 나누어 가질 수 있을까? 정경적 배열을 고려하면 그럴 가능성이 있다. 먼저, 요한이서와 요한삼서는 요한일서와 한 묶음의 서신에 속한다. 하지만 요한일서에 비해, 요한이서와 요한삼서는 그 성격상 다소 차이가 있다. 길이가 짧다는 것 외에도, 요한일서에 비해 신학적인 설명이 최소화되어 있고, 문제가 되는 구체적 상황을 언급한다는 점이다.
　말하자면 요한이서와 요한삼서는, 현실 교회의 뚜렷한 사례를 들어 요한일서가 강조하는 신학적 진술이 실제 교회 안에서 어떻게 적용되고 실현되어야 하는지를 보여 주는 실천적인 서신들이다. 요한이서는 요한일서가 그토록 강조한 '진리'의 중요성을, 그리고 요한삼서는 '사랑'의 중요성을 강조한다. 그렇다면 유다서는 어떤 식으로 공동서신의 결말 역할을 하는가?

1. 공통된 주제 – '지키심과 지킴'

요한일서가 마무리되는 방식은 흥미롭다. 요한일서 5장은 '지키심과 지킴'이라는 주제로 끝난다. 먼저, 18절은 하나님께서 '지키신다'는 것을 강조한다: "하나님께로부터 나신 자가 그를 지키시매(헬, 테레이) 악한 자가 그를 만지지도 못하느니라"(요일 5:18). 하나님께서 악한 자 아래에 처한 세상 속의 교회를 지켜 주신다. 그리고 21절은, 하나님께서 교회를 지켜 주시기 때문에 교회 역시 적극적으로 '자신을 지켜 내야' 함을 가르친다: "자녀들아 너희 자신을 지켜(헬, 플락싸테) 우상에게서 멀리하라"(요일 5:21).

요한일서의 결론은 하나님의 지키심의 은혜 안에서 교회가 자신을 지켜 내야 한다는 사명을 제시함으로 마무리되는 것이다. 그렇다면, 당연히 질문이 생긴다. 하나님은 과연 어떻게 교회를 지키신다는 것이며, 교회는 어떤 식으로 자신을 지켜야 한다는 것인가? 이 질문에 답하기 위해 일단 요한일서의 앞부분을 살펴보자.

요한일서는 명백히, 교회는 '진리'이신 예수 그리스도로 말미암아 지켜진다고 선포한다. 그 아들은 '생명의 말씀', 곧 진리이시다(요일 1:1, 6, 2:4). 이 세상은 '악한 자' 아래에 잠시 놓여 있는데, 그 악한 자 마귀의 우선적인 특징이 '거짓말쟁이'라는 사실과 극적으로 대조를 이룬다. 하지만 어둠이 빛을 이길 수 없는 것처럼, 거짓도 진리를 이길 수 없다. 그래서 악한 자의 거짓의 폭압으로부터 교회를 지키는 길, 그래서 거짓의 아비 마귀의 아래에 놓인 세상을 이기는 길도 '진리'를 통해서이다.

비록 잠시뿐이고 제한적이기는 하지만, 악한 자 마귀와 그 아래에 놓여 있는 이 세상을 휩쓰는 광풍 곧 마귀의 또 다른 특징은 '증오와 살인'이다. 그래서 예수 그리스도의 교회는 또한 '사랑, 곧 아버지의 사랑' 안에서 지키심을 입는다. 하나님은 '세상을 이처럼 사랑하사' 그 아들을 보내셨고, '우리를 살리려' 자신의 독생하신 아들을 속죄 제물로 내어주셨다(요일 4:9-14). 하나님의 사랑은 죽음의 권세로부터 우리를 살리시는 사랑이다. 우리를 살리시기 위해서 무엇이든 하시고 어디까지든 찾아오시는 그 사랑이, 마귀와 세상으로부터 교회를 지켜 주신다.

다시 요한일서 5장 18절과 21절로 돌아가 보자. 교회는 어떤 식으로 하나님의 지키심을 받고 또한 어떤 식으로 자신을 지켜야 하는가? 그 답을 구하기 위해서, 이번에는 정경적 순차를 따라 요한일서를 뒤이어 나오는 요한이서와 요한삼서에서 그 해답을 구해 볼 수 있다. 요한이서와 요한삼서는, 요한일서가 남긴 이 질문에 대하여 교회 현상 속에서 일어나는 구체적인 상황을 통해 설명하고 권면하는 실천적인 서신들이다.

실제로, 이렇게 요한일서가 남긴 질문에 대해 요한이서와 요한삼서가 대답을 하는 식으로 바라보는 '정경적 순차에 따른 읽기'가 타당하다는 방증이 있다. 그것은 요한이서와 요한삼서를 뒤이어 나오는 유다서의 주제 때문이다. 흥미롭게도 유다서는 공동서신의 결말로서 요한일서가 남긴 그 '지키심과 지킴'의 주제를 그대로 반복하고 있다. 유다서 1장 1절을 보라: "아버지 안에서 사랑을 얻고 예수 그리스도를 위하여 지키심을 받은(헬. 테테레메노이스) 자들에게 편지하노라."

교회는 세상에서 '지키심'을 입는다. 그것도 '아버지의 사랑'을 얻음으로써 지키심을 입고, 그리스도의 진리로 '인하여'(원문의 '위하여'를 '인하여'로 해석할 수도 있음) 지키심을 입는다. 이렇게 보면, 요한일서가 선포하는 하나님의 '사랑'과 그리스도의 '진리'로 지키심을 입는 교회의 본질과 정확히 일치한다. 그뿐 아니다. 유다서는 어떻게 마무리되는가? 공동서신의 맨 끝을 장식하는 유다서의 결말은 공동서신의 결말이기도 하다. 그런데 여기서도 '지킴'의 주제가 등장한다: "하나님의 사랑 안에서 자신을 지키며(헬. 테레싸테) 영생에 이르도록 우리 주 예수 그리스도의 긍휼을 기다리라"(유 1:21).

말하자면 유다서에서도, 요한일서 5장에서와 마찬가지로 하나님께서 교회를 지키시는 은혜와 함께 교회 역시 세상에서 자신을 지켜내야 한다는 사명이 그대로 반복된다. 이 정도면 공동서신의 결론으로서 '하나님의 지키심과 교회의 지킴'이라는 주제는, 요한일서 5장 끝에서 시작하여 요한이서와 요한삼서를 포함하면서 유다서까지 관통하는 '일관된 주제'라고 할 수 있다.

2. '진리'(요한이서)와 '사랑'(요한삼서)으로 지키심

요한일서 5장 18절과 21절을 읽고 난 후의 독자들은, '과연 어떻게 하는 것이 교회가 자신을 지키는 것인가?'라는 질문을 하게 된다. 이런 질문을 염두에 두고 정경적 순차에 따라 요한이서와 요한삼서를 읽기 시작하면, 요한이서와 요한삼서가 그에 대한 적실하고 의미 있는 대답을 제공한다는 사실을 깨닫게 된다.

요한이서는, 교회 안에 '예수 그리스도께서 육체로 오심을 부인하는' 거짓 가르침이 침투하는 문제 상황을 다룬다(요이 1:7). 이미 요한일서가 지적하고 다루었던 종류의 거짓 가르침이다(요일 4:3). 말하자면 요한이서는 요한일서가 경고한 거짓 가르침이 실제 교회에 침투하는 구체적 상황을 다루고 있는 것이다.

요한이서가 이런 문제 상황에 대하여 제시하는 해법도, 요한일서에서 제시된 신학을 구체적 상황에 적용하는 실천적 지침들이다. 교회는 지속적으로 '진리 안에' 거하고, 처음부터 받은 '계명'을 지키고, '그리스도의 교훈 안에 거해야' 한다는 것이다(요이 1:4, 6, 9). 당시 순회전도자들이든 누구든 여행자들을 환대하는 것은 덕스러운 일이지만, 교회가 자신을 지키기 위해서는 거짓교사들의 거짓 가르침을 분별하고, 그들이 교회 안에 들어와 '또 다른 코이노니아, 친교'를 만들지 못하도록 경계해야 했다.

사랑은 죄인들을 환대하지만, '죄(罪)를 환대'하는 것이 아니기 때문이다. 그래서 '환대 자체가 구원'은 아닌 것이다. 교회가 자신을 지킨다는 것은, 언제나 '진리 안에 거하고, 진리 안에서' 행한다는 것을 전제한다. 오늘날과 같이 '절대적인 진리가 없다'는 주장을 '절대적인 진리'로 숭배하는 모순된 상대주의적 세상에서, 교회는 불편하고 핍박을 당해도 '진리 안에서의 코이노니아'를 통해 자신을 지켜 내야 한다.

요한삼서가 다루는 상황은, 요한이서의 상황과 사뭇 대조적이다. 요한이서의 경우는 '너무 지나치게 개방적이어서 진리의 분별을 잊은 교회'의 사례이다. 대조적으로 요한삼서는, 진리의 문제보다는 지도자 개인의 독단과 탐욕에 의해 하나님의 사랑과 복음 전파의 길이 훼방을 받는 경우를 다룬다. "그들 중에 으뜸되기를 좋아하는 디오드레베가 우리를 맞아들이지 아니하니"(요삼 1:9). 디오드레베가 교리적으로 잘못된 것을 주장했다거나, 거짓 가르침을 내세웠다는 단서는 명확하지 않다.

요한삼서는 수신자 교회의 문제의 본질이 지도자 개인의 '으뜸되기를 좋아하는' 악한 성품에서 야기된 것이라고 지적한다. 주님의 교회를 '자기를 위한 왕국'으로 변질시키고 그 안에서 '왕 노릇' 하며, 하나님의 말씀보다는 자신의 뜻을 관철시키기 위해 복음적인 성도들을 내쫓는 초법(超法)적인 악행도 서슴지 않는 지도자의 문제인 것이다. 디오드레베는, 장로가 보낸 복음적인 순회전도자를 '마땅히 환대하지 않음으로써' 문제를 일으켰던 지역 교회의 지도자격인 인물이다. 그의 덕스럽지 못한 처사가, 복음 전파를 통해 하나님의 사랑이 계속해서 이방인들 가운데로 흘러나가는 긍휼의 길, 복음의 길을 막아 버린 것이다.

요한삼서에 의하면, 교회가 세상에서 자신을 지킨다는 것은 하나님의 사랑 안에서 복음 전파의 길이 막히지 않게 한다는 것을 뜻한다. 요한삼서가 처음부터 수신자인 가이오를 '사랑하는 자여'라고 부르는 것도, 그가 하나님의 사랑 안에서 진리의 길을 계속해서 걸어가도록 격려하기 위함이다. 그 유명한 요한삼서 1장 2절의 의미도, 예수 믿고 그저 세상에서 건강의 복, 물질의 복을 많이 받고 살라는 뜻이 아니다(참조.『지키심을 입은 교회』, 166-175).

예수 그리스도의 순전한 복음과 그의 거룩한 교회를 이 생뚱맞은 인사말 한 구절 위에 정초시키려 하는 태도는, 마치 중세 때에 '바늘 하나 위에 모든 천사들을 올려놓으려는' 어리석음에 비유할 수 있다. 요한삼서 1장 2절의 의미는, '진리 안에서 행한다고 칭찬받는' 가이오가 하나님의 사랑과 진리 안에서 '곧은길을 바로 걸어가는' 것처럼, 그가 삶의 모든 영역에서, 특히 하나님의 '사랑을 나타내는 일과 진리 안에서' 더욱 강건해지라는 뜻이다.

'세상에서' 이기는 것과 '세상을' 이기는 것은 다른 문제이다. 세상에서 이겨도 세상에 지면 진 것이고, 세상에서 져도 세상을 이기면 세상을 이기신 분과 함께 승리자가 된다. 성도가 세상에서 반드시 자신을 지켜 내야 하는 싸움의 중요성이 여기에 있다. 오늘날 왜곡되고 제한된 복음은, 우리가 세상에서 이기면 신앙에서도 이긴 것으로 간주하게 만드는 경향이 있다. 요한서신과 유다서는 그렇게 가르치지 않는다.

요한이서는, 하나님의 사랑을 강조하다가 진리를 잃어버린 교회에게 경고한다. 요한일서의 신학적 가르침에 의하면, 그것은 사랑이신 하나님을 믿는데 진리이신 아들을 잃어버리는 것과 같기 때문이다. 사랑이라고 다 사랑이 아니다. 교회는 세상 속에서 '어떻게 사랑해야 하는지'를 분별하며 배우고 실천해야 한다. 진리가 없는 사랑은 위선이요, 거짓이요, 죽이는 것이 되기 때문이다.

요한삼서는, 진리를 지킨다는 명분으로 하나님의 사랑을 나누려 하지 않는 교회의 문제를 다룬다. 정통 개혁주의를 부르짖어도, 사랑이 없으면 아무것도 아니다. 하나님은 그 사랑으로, 한때는 이단과 방불했던, 거짓의 아비에게 종노릇하던 당신과 나를 찾아오셨다. 찾아오셨을 뿐 아니라, 그렇게 '심하게 틀린' 죄인인 나와 당신을 위해 그 아들의 생명도 아낌없이 내어주셨다.

오직 하나님께서만 그 결과를 아시는 '예정의 교리'를 오해하여, 마치 자기 자신이 '누구는 천국 보내고 누구는 지옥 보낼' 권한이라도 있는 양 떠들고 정죄하는 자들도 있다. '모든 사람이 구원받기를 원하시는' 하나님의 뜻을 막아서는 그런 교만이 복음 전파의 길을 막기도 한다. 사랑이 없는 경건은 위선이고 착각이다. 참된 경건은, 틀린 형제라도 우애로 품고 기다리고 올바르게 세워 주는 사랑에서 나온다.

오늘날과 같은 포스트모던 사회에서는 무엇보다 사랑과 진리가 함께하는 온전한 신앙을 세워 가는 일이 절실하다. 진리를 외치는 자들은, 반드시 사랑 안에서 해야만 한다. 또한 사랑을 외치는 자들은 진리를 희생하고 있지 않은지를 돌아보아야 한다. 사랑 없는 진리는 폭력에 가깝게 되고, 진리 없는 사랑은 위선이며 죽은 것이라는 사실을 잊지 말아야 한다.

우리의 신앙이 복음의 생명력을 갖게 되는 것은, 그것이 '온전'할 때이다. 십자가는 하나님의 공의와 사랑이 함께 나타난 '하나님의 지혜'이다. 교회는 그 십자가의 지혜로 자신을 지켜 내야 한다. 하나님의 공의와 사랑이 함께 나타난 십자가를 통해, 부활 생명의 역사가 일어난다. 사랑 안에서 참된 것을 말하고 행할 때에 함께 치유 받고 성장하는 생명의 역사가 일어난다.

3. 유다서 – '세상에서 자신을 지키는 교회'

유다서 역시, 거짓 가르침을 퍼뜨리는 거짓교사들에 맞서 하나님의 사랑과 예수 그리스도의 진리의 말씀을 강조한다. 무엇보다 하나님의 '은혜'를 '방탕거리로 변질'시키는 위험을 경고한다. 탐욕과 교만, 더러움과 거짓의 공격 앞에서 하나님께로부터 받은 '은혜를 끝까지 지켜 내는 믿음'을 강조한다. 그러므로 '지키심의 영성'을 구하는 자에게, 세상의 더러움과 썩어짐과 허무함으로 '다시 돌아가는' 일처럼 큰 실패는 없다. 성도는 이미 '영광'을 얻은 자이며, 그 영광의 충만을 향해 나아가는 '황홀한 순례길'에 서 있기 때문이다.

유다서는 정경적으로 볼 때 공동서신 전체의 결말 역할을 한다. 유다서의 가장 유력한 주제는 '세상에서 자신을 지키는 교회'라고 할 수 있다(유 1:1, 21). 유다서가 직접 다루는 문제 상황은, 하나님의 은혜를 방탕한 것으로 바꾸고, 홀로 하나이신 주재, 곧 우리 주 예수 그리스도를 부인하는 거짓교사들의 위험에 관한 것이기 때문이다(유 1:4).

유다서의 거짓교사들은 '오직 믿음, 오직 은혜'의 복음을 남용, 악용하던 자들이었다. 하나님의 은혜를 방탕의 구실로 악용하고, 스스로 신령한 것처럼 위장해서 성도를 속여 탐욕을 채우던 자들이었다. 그들은 자신이 마치 천사나 율법 위에 군림하는 존재인 것처럼, 거짓으로 신령한 척하고 가짜 예언을 남발하며, 마치 자신이 하늘 꼭대기에 있는 것처럼 허풍을 떠는 자들이었다. 하지만 유다는 저들이 상식도 양심도 없는 '이성 없는 짐승'이며, 입으로는 항상 '성령, 하나님, 예언'을 떠벌리지만 실제로는 '성령을 받고 중생하지도 않은' 가짜 신자임을 폭로한다(유 1:10, 19).

교회가 세상에서 자신을 지킨다는 것은, 거짓교사들의 거짓 가르침에서 확실히 돌이키고 떠난다는 것을 의미한다. 거짓교사들은 건강한 몸에 침투한 악질 바이러스와 같다. 교회는 어떻게 거짓교사들의 거짓 가르침과 싸워야 하는가? 먼저는, 그 거짓교사들에게 이미 임해 있고 또한 장차 완전히 이루어질 '심판을 확신'해야 한다. 저들은 이미 '캄캄한 흑암' 속에 갇혀 있는 자들이다(유 1:13). 그들을 추종하다가 동일한 심판과 멸망을 받는 자리에 서지 말아야 한다. 그리고 그들의 죄악의 패턴을 반복하고 따라하지 말아야 한다.

유다서의 거짓교사들은, 타락한 천사들이 '다른 육체를 좇았던' 패턴을 따라, 그들 역시 창조의 질서를 파괴하고 뒤바꾸는 혼돈과 반역에 참여하는 자들이었다. 하나님께서 주신 은혜의 자리, 사명의 자리를 내팽개치고, 권위를 무시하고 훼방하며, 하나님의 주권을 멸시하는 자들이었다. 교회가 거짓교사들을 분별하고 그들의 거짓 가르침에서 떠나지 않으면, 다시 썩어지고 더럽고 허무한 세상과 뒤얽혀 세상이 받을 동일한 심판 아래 놓이는 것과 다름이 없다.

유다서의 우주관은, 신약시대의 우주관이 그랬던 것처럼 하늘과 땅이 서로 연결되어 있고, 땅에서 일어나는 일과 하늘에서 일어나는 일이 서로 '연동'(聯動)하는 '하나'의 세계를 표상한다. 오늘날처럼, 존재하는 것이 '물질'뿐이라는 '외눈박이'의 시각으로 우주를 바라본 것이 아니다. 본래부터 하늘의 천사들이 존재하지 않는 우주는 없다.

하늘의 정사와 권세와 천사들은, 이 땅의 사람들과 역사와 문화와 함께 존재하며 서로 연결되어 있다. 하늘에서 쫓겨난 타락한 천사들이 이 세상의 '공중 권세 잡은 자 마귀'의 수하에서 활동하며, 이 세상을 거짓과 증오로 혼미하게 하고 파괴한다. 그래서 하나님께서는 이 땅에서 '노아'와 같은 '경건한 자들, 의인들'을 찾으신다. 하나님의 말씀에 순복하는 그들의 경건이 창조세계를 붙들고 있다. 그들은 결국 새 하늘과 새 땅을 유업으로 물려받게 될 것이다.

유다서는, 교회가 세상에서 승리하는 길이 무슨 별도의 영광스러운 업적을 세우는 것이 아니라, 하나님께서 그 아들과 성령을 통해 그들 안에 이미 주신 은혜, 구원, 영광, 소망, 영생, 그리고 무엇보다 하나님 아버지의 사랑과 예수 그리스도의 진리를 '끝까지 지켜 내는' 바로 거기에 있다고 가르친다. 무엇이 '승리한 교회, 성공한 교회'인가? 하나님의 사랑 안에서, 예수 그리스도의 진리를, 성령의 도우심으로 끝까지 지켜 내는 교회, 그것이 승리한 교회, 성공한 교회이다.

여기에 하나님의 '지키심의 은혜와 사랑'의 확신 안에서 스스로를 '지켜 내야' 하는 성도의 치열한 싸움이 있다. 세상에서 어떤 영광을 얻고 하나님께 대하여 큰일을 한 것처럼 여겨지더라도, 그 자신이 하나님 안에서 지켜 내야 할 것들, 즉 은혜로 주신 것들, 생명과 경건에 이르는 신적 성품, 긍휼과 정결, 선한 행실, 살아 있는 소망과 하나님의 사랑과 같은 것들을 지켜 내지 못했다면, 그는 '세상에서 이겼지만, 세상에 져 버린' 사람이기 때문이다.

유다서는 하나님께 돌리는 인상적인 '송영'(Doxology)으로 서신을 마무리한다(유 1:24-25). 하나님은 우리를 '보호'하시는 분, 끝까지 '지켜 내시는' 분이시다. 그분께서 우리를 그분의 영광 앞에, 흠이 없이, 기쁨으로 서게 하실 것이다. 왜 그런가? 우리가 믿고 의지하고 따르는 그 아들 예수 그리스도께서 하늘 보좌 위에 좌정하사 통치하시는 '주'(Lord)가 되시며, 거짓교사들과 거짓의 아비 마귀 그리고 이 세상 위에 덮칠 진노의 심판으로부터 구원해 내실 '구주'(Savior)가 되시기 때문이다.

두려울 것이 없다. 염려할 것도 없다. 감히 누구도, 그 어느 것도 대적할 수 없는 위엄과 권능이 그분께만 있기 때문이다. 우리를 그 어느 위협으로부터도 지켜 낼 권세, 힘과 능력이 그분께만 있기 때문이다. 세상의 죄도 죽음도 마귀도 그리고 심지어 우리의 연약함조차, 우리를 온전케 하시며 하나님의 영광에 이르게 하시는 그분의 권세와 지혜와 능력을 감당하지 못한다. 태초부터, 이제와 영원토록 그분께 찬송과 경배와 영광과 감사를 돌릴지어다.

XII 열두 번째 이야기

The Gospel and Message of the Catholic Epistles

XII. 열두 번째 이야기

공동서신의 말씀이 빚어내는 영성

우리는 공동서신에서 교회를 살려 낼 '감추어진 보화'를 계속 캐어 내야 한다. 공동서신에 관한 이야기를 마무리하면서, 우리가 얻을 수 있는 유익들을 정리해 보고, 공동서신의 복음과 가르침을 따라 앞으로 어떤 방향으로 어떻게 더 나아갈 수 있을지에 관해 생각해 보자.

무엇보다, 공동서신이 강조하는 복음인 '말씀의 내주(內住)', 곧 새 언약 백성 안에 거하시는 '말씀'의 중요성과 그 역할에 대해 새롭게 주목할 필요가 있다. 그 외에도, 공동서신의 말씀이 빚어내는 영성의 다양함과 풍요함에 눈뜨고, 그 말씀들이 새로운 도전들에 직면한 교회인 우리 자신을 어떻게 새롭게 형성해 나갈지에 대하여 기대하고, 노력하고, 힘써 정진해야 한다.

1. 신학과 설교, 시각과 삶을 결정하는 '성경'

'성경'을 어떻게 읽느냐가 하나님과 교회와 성도의 삶에 대한 지식, 곧 '신학'을 결정한다. 그리고 신학은 '설교'에 영향을 주며, 설교는 듣는 청중의 '시각'을 결정하고, 그런 시각이 우리의 '삶'을 빚어간다. 그러니까 성경이 신학을 만들고 신학이 설교를, 설교가 시각을, 시각이 삶을 만드는 것이다. 모든 것이 성경에서 시작한다.

애초에 '성경을 어떻게 읽을 것인가'가 우리의 삶을 결정하는 것이다. 문제는 이런 과정을 통해 이미 우리 안에 고정되어 있는 '시각'이 다시금 '성경을 보는 우리의 관점'을 결정한다는 사실이다. 시각이 이미 결정되어 있기 때문에, 그런 시각으로 성경을 보면 계속해서 같은 궤도를 돌게 되기 마련이다. 이것을 '정경적 편향성'에 의한 '정경적 폐쇄성'이라고 이름 붙일 수 있다.

예를 들어, 어떤 설교자가 주로 성경의 한 책이 제공하는 신학적 관점으로 설교를 형성하고, 그런 설교에 따라 시각을 고정시키고, 그런 시각으로 삶을 살아가다 보면, 그런 설교를 듣는 청중의 시각은 계속해서 한 방향으로 강화되며, 결국 그런 시각으로 다시 성경을 읽게 되는 '폐쇄적인 순환'에 빠지게 될 것이다. 어떻게 하면 이런 '정경적 폐쇄성'에서 나와, 성경으로 돌아가되 '모든 성경'(Tota Scriptura)으로 돌아갈 수 있을까?

종교개혁의 발단이 된 것은, 마르틴 루터가 집요하게 물었던 특정한 '질문' 때문이었다고도 할 수 있다. 루터는, '어떻게 나같이 더럽고 추한 죄인이 지극히 높으시고 거룩하신 하나님을 만날 수 있는가? 무엇을 해야 하는가?'라고 질문했다. 이런 질문은 그의 심령을 휘어잡는 근본적 질문이었고, 동시에 그의 시대인 중세 시대 전체의 질문이기도 했다.

하늘 높이 솟은 첨탑을 특징으로 하는 중세 고딕 양식의 건축물들이 그 증거이다. 그 시대의 첨탑들이 보여 주듯, 서구 중세의 사람들은 지극히 높은 곳에 계신 거룩한 하나님에 대한 강렬한 열망을 품고, 고행이나 금욕, 연보나 구제를 통해서라도 그 높은 곳에 계신 하나님을 향해 나아가려 하는 시대정신 속에서 살았던 것이다. 루터 역시 풀리지 않던 그 질문에 시달렸지만, 그가 성경에서 답을 찾았을 때, 그 해법은 그의 시대 전체를 뒤집는 강력으로 역사했다.

루터의 질문에 대한 성경의 답은, 하나님께서 우리를 의롭다 하고 만나 주시는 것이 우리의 선행이나 고행, 금욕이나 연보 때문이 아니라, 그분 자신이 그 아들 예수 그리스도를 통해 우리에게 내려오셨고 우리를 만나 주셨기 때문이라는 것이었다. 루터가 재발견한 이 '칭의'(Justification by Faith)의 복음은 원래부터 성경 안에 감추어 있었다. 하지만 중요한 것은, 루터가 자신과 자신의 시대를 자유롭게 하고 해방시킨 이 보배 같은 진리를, 자신의 시대적인 질문, 곧 자신이 처한 상황에서 나온 고통스러운 질문을 계기로 찾게 되었다는 것이다.

우리가 성경을 '편향적으로' 보는 '고정된 시각'에서 벗어나려면, 당연히 고통이 따를 수밖에 없다. 그 고통은 어디서 발생되는가? 비록 성경적인 답이라도 우리가 이미 갖고 있는 해답이 우리가 처한 시대적 상황, 실존적 상황, 우리의 상황에 대한 '적실한' 답변이 되지 못할 때, 우리 안에는 근본적인 질문과 함께 고통이 생겨난다. 자신이 갖고 있던 기존의 시각이 깨어지고 확대되고 변화되는 일은, 성령의 탄식 가운데서 우리 속에 품게 되는 '새로운 질문들'과 함께 찾아오는 것이다.

성경도, 예수 그리스도의 복음도, 다이아몬드처럼 모든 각도에서 빛이 나는, 말할 수 없는 무한하고 풍성한 생명의 능력을 담고 있다. 그래서 각 시대의 새로운 도전, 새로운 대적(對敵)들에 부딪히는 교회는, 그 시대의 어둠과 고통을 이겨 내게 하는 하나님의 말씀, 예수 그리스도의 복음, 성경을 새롭게 발견해야 하는 것이다. 오직 성경 안에 답이 있지만, 그 답은 우리의 상황 속에서 성령께서 탄식하시며 보게 하시는, 오래도록 거기 있지만 전혀 새롭게 살아나는 말씀의 생명력을 통해 주어지기 때문이다.

우리 시대에 공동서신을 새롭게 발견하는 것은, 그래서 의미 깊은 일이며 가슴 뛰는 일이고, 교회의 새로운 미래를 바라볼 수 있게 해 주는 신선한 위로요 새로운 소망이 된다. 공동서신 각 권이 이미, 초기 교회가 처한 새로운 도전, 낯선 국면과 상황에서 예수 그리스도의 복음이 다양하고 풍성하게 드러난 결과물이다. 그렇게 새롭게 드러난 복음을 통해, 그들은 교회인 자신을 새롭게 이해하고, 그들 앞에 놓인 새로운 도전을 능히 이겨 나갔던 것이다.

우리는 오늘날 우리 자신과 새로운 상황에서 새로운 도전에 흔들리고 고통받는 교회를 끌어안고 '새롭게 질문'해야 한다. 성령께서 교회를 향해 가지고 계신 눈물과 탄식, 애통과 간구를 품고, 우리도 질문하고 또 질문해야 한다. 우리의 편향되고 고정된 시각을 깨뜨리는 것은, 우리가 사랑하는 우리 자신과 교회, 그리고 세상이 당하는 '고통'에 대한 한없는 하나님의 '긍휼'에 참여할 때이다.

그럴 때 우리는 그 '사랑'의 인도함을 받아 새로운 '시각'을 갖게 되고, '성경'을 새롭게 발견하게 되며, 하나님과 교회와 우리의 나아갈 길에 대하여 새로운 '삶의 비전'을 갖게 된다. 우리 자신과 교회를 위해 울어야 한다. 하나님을 떠난 이 시대와 세상을 위해 울어야 하고, 질문해야 하고, 그 질문과 간구 속에서 성경을 다시 펼쳐야 한다. 우리 안에 거하시는 그분의 '생명의 말씀'이 '성령'을 통하여 우리를 새로운 미래와 풍성한 생명으로 인도하시도록 간구해야 한다.

2. 주(主)의 통치, '내주하시는 말씀과 성령'

공동서신이 전하는 복음의 핵심은, 이제 메시아인 예수 곧 하나님의 아들께서 새 언약의 모든 약속을 성취하신 결과로, 특히 그분의 '생명의 말씀'이 새 언약 백성인 우리 안에 '내주(indwelling)하게' 되었다는 사건을 가리키고 있다. 우리는, 예수 믿으면 그 결과로 '성령께서 우리 안에 거하신다'는 사실에는 익숙하지만, 예수 믿었다는 것이 곧 하나님의 살았고 영원한 말씀이, 마치 밭에 씨앗이 심긴 것처럼 그의 심령 안에 심겨 있다는 것을 의미한다는 사실에는 낯설어한다.

이런 것이 '정경적인 편향성'에서 오는 낯섦이다. 성경은 원래 그렇지 않기 때문이다. 공동서신의 저자들이 새 언약의 성취에 따라 이제 하나님 백성의 심령에 '말씀이 심겨 있다'라고 선포하는 것은, 이미 오래 전 예레미야 선지자를 통해 약속하셨던 새 언약이 그대로 성취된 현실을 가리키는 당연한 사실이다. 옛 언약에서 하나님의 말씀은 '돌판'에 기록되었다. 그것도 영광스런 일이었지만, 옛 언약 백성은 그 많은 은혜를 받고 기적을 경험하면서도 그분의 말씀에 순종하지 못했다.

오히려 젖과 꿀이 흐르는 가나안 땅에 들어가서도, 열방이 보는 앞에서 그분의 율법, 그분의 규례와 법도, 그분의 거룩한 말씀을 땅에 떨어뜨리고 열방이 보는 앞에서 짓밟았다. 그 때문에 그들은 약속의 땅에서 쫓겨났고, 이방 나라에 흩어져 그들의 먹잇감이 되고 열국의 조롱거리가 되었다. 옛 언약에서 가장 큰 문제로 드러나게 된 이 '불순종', 그들의 연약함으로 인하여 하나님의 말씀을 순종하지 못하는 이 문제를 어떻게 풀 것인가?

새 언약은 주로 이 문제를 풀기 위해 주어진다. 하나님께서는 새 언약을 통해, 우리가 순종할 수 없었던 그 하나님의 법, 그 말씀을, 이제는 돌판이 아니라 우리의 심령에, 새 언약 백성의 심령에 아예 '기록하겠다'고 하신 것이다(렘 31:33). 그러니까 새 언약이 성취될 때에는, 마치 밭에 씨앗이 심기듯이, 새 언약 백성의 거듭난 심령에 영원히 심겨 그 말씀의 생명과 능력이 발현되도록 하시겠다고 약속하신 것이다.

이것이 예수님께서 하나님의 나라, 곧 하나님의 통치는 농부가 '밭에 씨앗을 뿌리는' 것과 같다고 하신 비유의 근거이다(눅 8:9-15). 씨앗은 하나님의 말씀이고, 밭은 사람들의 마음이다. 이 말씀은 단지 비유일 뿐 아니라, 새 언약 백성의 심령에 심겨 있는 그 살았고 영원한 말씀이 그들을 새 하늘과 새 땅에 합당한 백성으로 창조해 나가시는 현실을 표현하신 것이다. 예수님께서 지상 사역을 하실 때에 그분과 함께했던 제자들인 공동서신의 저자들, 곧 주의 형제 야고보와 사도 베드로와 요한이 모두, 이처럼 새 언약 백성의 중생의 특징을 그들의 심령에 심겨 있는 '능력의 말씀, 영원한 말씀, 생명의 말씀'으로 표현하는 것은 전혀 이상한 현상이 아니다.

옛 언약이 새롭게 갱신될 무렵, 하나님께서 예레미야와 에스겔을 통해 약속하셨던 새 언약의 주요 내용은 크게 보면 두 가지이다. 하나는 예레미야를 통해 말씀하셨던 바, 장래에 새 언약이 성취될 때에는 하나님의 말씀이 하나님 백성의 '심령에 심겨 내주'할 것이라는 사실과, 또한 그때에는 하나님의 영, 성령께서 돌로 지은 성전에 거하지 않으시고, 새 언약 백성의 안에 직접 '내주'하실 것이라는 사실이다(렘 31:33; 겔 36:26-27).

예레미야 31장과 에스겔 36장을 주요 본문으로 하는 '새 언약'의 내용에는 크게 여덟 가지가 있다. 첫째는 '영원한 속죄'이고, 둘째는 그렇게 깨끗해지고 부드러워진 '마음에 기록된(심긴) 말씀'이며, 셋째는 그 말씀의 생명을 꽃피우고 열매 맺게 하는 '성령의 내주'이다. 그리고 넷째는 속죄를 바탕으로 성령의 역사로 말씀의 생명이 피어난

'새 마음', 다섯째는 그 새 마음, 즉 거듭난 심령의 새롭게 된 양심으로 '말씀을 순종하는 새 백성', 여섯째는 하나님의 율법, 말씀을 순종하는 제사장 나라를 통해 하나님께 돌아오는 '열방의 회복', 일곱째는 그 결과로 거룩히 여김을 받으시는 '하나님의 크신 이름과 온 땅에 충만해지는 하나님의 영광'이다. 마지막으로 여덟째는 이제 온전히 성취되는 '새 하늘과 새 땅'의 실재이다(참조.『신약성경의 이해』, 117-135).

예수님께서는 '하나님 나라' 비유를 설명하시면서, 이미 이 땅에 임했고 임하고 있는 하나님의 나라는 마치 농부가 밭에 씨앗을 뿌리는 것과 같다고 하셨다. 그리고 그 씨앗은 '하나님의 말씀'이며, 밭은 '사람들의 마음'이라고 하셨다. 이것은 단지 농사에 관련된 비유만이 아니다. 이 비유의 배경은 다름 아닌 예레미야가 했던 그 새 언약인 것이다. 즉, 장차 하나님께서 자신의 율법 곧 그분의 말씀 옛 언약에서처럼 돌판이 아니라, 내주하시는 성령으로 말미암아 거듭난 새 백성의 심령에 직접 기록할 것이라고 한 그 약속이 이제 이루어졌음을 선포하신 것이다.

이제 '그날'이 온 것이다. 하나님께서 자신의 새 백성 안에 자신의 말씀을 심으시고, 그들 안에 거하게 하신 성령을 통해, 그들이 그토록 실패했던 그 '하나님의 말씀에 대한 순종'을 하나님께서, 그들 안에서, 그들과 함께, 그들을 통해, 이루어 내시는 그날이다. 이제 새 언약이 성취되는 날이 왔고, 예수님께서 사마리아 여인에게 말씀하신 그대로, 이제 새 언약 백성은 '이 산에서도 말고 예루살렘에서도 말고' 아버지 하나님께 '영과 진리로', 즉 '그들 안에 내주하시는 성령과 그들 안에 심겨 있는 진리의 말씀으로' 예배할 때가 이른 것이다 (요 4:24).

그 옛날 예레미야와 에스겔은 각기 새 언약의 내용에 대하여 다른 부분을 보았지만, 그 두 가지 큰 내용은 서로 합하여 새 언약 시대에, 하나님과 주 예수 그리스도께서 어떻게 자기 백성을 '직접 통치'하시는지를 보여 주는 놀라운 약속들이었다. 이제 하늘에 오르시어 하나님 보좌 우편에 앉으셔서 '주'(Kyrios)가 되신 예수 그리스도께서는, 이 땅에 거하는 자신의 새 백성, 곧 성도들 안에 '그의 말씀과 성령으로 친히 임재'하시며, 그들 안에 임재하시는 말씀과 성령으로 친히 그들을 통치하시고, 그들 안에서 새 언약 성취의 절정인 새 하늘과 새 땅의 실재, 그 현실을 창조해 가신다.

이렇듯 하늘에 오르시어 하나님의 보좌에 앉으신 주 예수 그리스도께서, 자신의 '말씀과 성령의 임재'로 새 언약 백성인 교회를 통치하시는 모습은 사도행전에도 역력히 드러나 있다. 사도들은 복음의 전달과 확장의 도구이지, 진정한 주체가 아니다. 그들 안에 내주하시는 말씀과 성령께서 그들을 인도하시고 그들을 통해 주 예수 그리스도의 나라와 그의 통치를 확장해 가시는 것이다.

그러므로 새 언약 백성은 자신들 안에 영원토록 내주하시는 말씀의 생명을 꽃피우고 열매 맺는 일에 자신을 드려야 한다. 바로 그 말씀의 생명의 풍요함과 결실을 위하여, 성령께서 그들 안에서 역사하시며 그들로 하여금 하나님의 말씀에 순종할 힘과 능력, 동기와 소망, 위로와 격려를 얼마든지 부어 주신다 (롬 8:1-17). 말하자면, 로마서 8장은 새 언약 성취의 절정을 가리키는 것이며, 칭의의 복음은 이를 위한 준비 작업과도 같은 것이다. 속죄와 칭의가 마치 밭을 갈아엎어 깨끗하고 부드럽게 하는 작업이라면, 성령의 역사로 새 언약 백성의 거듭난 심령에 '썩지 않는 씨', 곧 생명의 말씀을 심어 놓으신 것은 새로 기경한 밭에 씨앗을 뿌리고 물을 주는 과정과 같다고 할 수 있다.

신약성경은 이렇듯, 하나님께서 직접 기름 부으시고 보내신 그 아들이요 메시아인 예수님께서 드디어 새 언약을 성취하신 복음과 그 가르침을 선포하는 '새 언약의 책'이다. 그리고 크게 보아서 새 언약의 양대(兩大) 산맥인, 새 시대에 하나님 백성 안에 '내주하시는 말씀의 통치'는 공동서신의 강조점이고, '내주하시는 성령의 통치'는 바울서신의 주된 강조점이라는 사실을 알게 된다.

구약으로부터 내려오는 새 언약 신학의 맥(脈)이, 새 언약 성취의 복음을 선포하는 사복음서와 새 언약 백성인 교회의 탄생을 기록하는 사도행전을 지나, 새 언약을 직접 설명하는 히브리서를 기점으로 한쪽으로는 '내주하시는 말씀의 통치'를 선포하는 공동서신, 그리고 다른 한쪽으로는 '내주하시는 성령의 통치'를 강조하는 바울서신으로 흐르고 있는 것이다.

왜 이런 차이점이 생겼는가? 그것은 이 새 언약의 복음이 선명하게 드러나게 된 계기, 상황 때문이다. 사도 바울은 주로 유대교의 율법과 성전의 문제에 부딪혀서 예수 그리스도의 복음을 변론해야 했다. 로마서나 갈라디아서는 그렇게 해서 '칭의'의 복음과 '내주하시는 성령'으로 말미암아 '살아 있는 성전 된 그리스도의 몸'으로서의 교회를 강조하게 된 것이다.

한편, 그들 자신의 거점과 배경이 주로 유대인들이었던 예루살렘의 사도들은, 유대교의 율법이나 성전보다는 '로마제국이라고 하는 당시의 세상'을 맞닥뜨린 하나님의 새 백성의 나아갈 길에 대한 신학적, 목회적 도전에 부딪혔다. 공동서신의 저자들인 주의 형제 야고보, 베드로, 요한과 같은 초기 교회의 지도자들은, 거친 광풍이 몰아치는 바다에 떠 있는 작은 조각배와 같은 당시의 새 언약 백성들을 위해, 주께서 다시 오시는 날까지 그 바다 위를 순항(順航)하기 위한 복음, 세상을 이기는 교회, 그리고 이를 위한 전략과 윤리적인 비전을 제시한 것이다.

그 핵심이 새 언약 백성 안에 '내주하시는 말씀'의 능력이다. 이미 마태복음에서도, 부활하신 주께서 세상 끝날까지 교회와 함께하시겠다고 약속하셨다. 그 '임마누엘'의 약속은, '성령으로 세례'를 주는 교회 안에 또한 그분의 '모든 가르침'으로도 임재하시겠다는 약속이다(마 28:20). 새 언약 백성의 거듭난 심령에 심긴 말씀의 임재는, 단순히 비유나 상징적인 것이 아니다. 그것은 살아 계신 주 예수 그리스도의 직접적인 능력과 생명의 통치의 활동과 역사를 가리킨다.

그러므로 새 언약 백성이 된 교회는, 성령의 충만뿐 아니라 야고보서의 가르침 그대로, '마음에 심긴 말씀을 온유함으로 받아야' 한다. 여기에 새 언약과 옛 언약 간의 주요한 차이점이 생긴다. 새 언약에서는 엄밀하게 말해서 '당신의 외부에 있는 말씀에 순종하라'는 식으로 말하지 않는다. 말씀과 성령이 모두 새 언약 백성 안에 거하시기 때문이다. 그래서 바울은 '성령을 따라 행하라'고 권면한다. 새 언약 안에서는 그것이 율법의 요구를 이루는 방식이 되기 때문이다.

야고보 같으면 동일한 내용을 다른 식으로 표현한다. 즉, '능히 너희를 구원할 마음에 심긴 말씀을 온유함으로 받으라'고 하는 것이다. 순종해야 할 말씀이 우리의 '외부'가 아니라 이미 '심령에' 심겨 있기 때문에, 그것을 주 앞에서 겸손함과 온유함으로 '받아들이라'는 것이다. 이것이 마태복음에서처럼(마 6:6-18), 야고보서에서도 '행함이 없는 믿음', 즉 '외식(外飾)하는 믿음'의 무능함을 폭로하고 질타하는 근거이다(약 2:14-26). 새 언약에서는 하나님께서 신자의 심령 안에 친히 자신의 말씀과 영으로 내주하시며, 그들이 말씀을 순종하도록 그들 안에서 역사하심으로써, 그들과 함께, 그들을 통해 그 말씀의 생명이 꽃피고 열매 맺게 하는 것이다. 그것이 새 언약의 성취를 선포하는 야고보서가 강조하는 '믿음의 행함'이요, 그 열매가 바로 '세상을 이기는 참된 경건'인 것이다.

이렇듯 새 언약 백성은, 그들의 새롭게 된 존재 자체가 말씀의 생명으로 충만할 수 있는 조건을 갖추게 된다. 그들은 개인적 차원에서 뿐 아니라 공동체의 차원에서도 '자유의 온전한 율법'을 통해 참된 경건의 열매들을 맺게 된다. 그것이 '행함이 있는 긍휼'의 능력이요, '말을 통제하는 말씀'의 능력이요, 세속으로부터 자신을 지키는 위로부터 난 '지혜와 정결'의 능력이다(약 1:26-27). 여기서 핵심은 '세상을 이기는' 경건이다. 단지 교회 안에서만 인정받는 경건이 아니다.

베드로전서는 이런 점에서 더욱 강력한 '말씀-교회론'을 펼친다. 새 언약 백성 자신이, '썩지 않는 씨앗', 곧 사람을 '깨끗하게 만드는 진리인 말씀' 그리고 '죽음을 이기는 부활 생명과 하나님의 그 많으신 긍휼로 충만하게 하는 말씀'으로 거듭난 것이라고 선포하기 때문이다(벧전 1:22-2:3). 거듭난 성도 안에 심겨 있는 살았고 영원한 말씀, 깨끗하고 썩지 않고 쇠하지 않는 말씀은 무엇보다 그 성도의 '말'을 변화시킨다. 하나님께서 말씀으로 세상을 지으시고 통치하시듯, 사람도 사회도 '말'로 다스려진다.

요한일서는 아예, 성도 안에 '내주하시는 말씀'이 곧 '태초부터, 즉 세상이 창조되기 이전부터 계셔 온 생명의 말씀'임을 선포한다(요일 1:1-2). 성도 안에 거하시는 말씀이, 애초에 세상보다 큰 것이다. 그러니 어찌 성도가 세상을 이기지 않을 수 있겠는가? 또한 성도 안에 내주하시는 말씀은, 세상이 심판받고 끝나고 나서야 전격적으로 펼쳐질 '의와 거룩과 평강과 사랑'이 충만한 새 하늘과 새 땅에서 누릴 그 영원한 생명 그 자체이다.

하나님의 말씀이 내주하시는 교회가 세상보다 큰 이유는, 그들 안에 세상 이전에도 계셨고 이후에도 영원토록 거하실 이 '영원한 생명의 말씀' 때문이다. 이것이 교회가 세상을 이기지 않을 수 없는 이유이며, 성도가 어느 때이든 낙심치 않고, 그 영생의 열매를 맺게 하는 '황홀한 인내'를 끝까지 붙들지 않을 수 없는 이유이다. 교회는, 말씀으로 창조되었지만 말씀을 떠난 세상을 회복하고 통치하는 '그 새 창조의 말씀'이 그들 안에 거하며 역사하시는 것을 경험하고 있다.

새 언약 백성인 주의 교회에 성령께서 내주하신다면, 말씀도 내주하시는 것이 마땅하지 않을 수 없다. 그동안 교회는, 예수 믿은 자 안에 성령께서 내주하신다는 사실만을 강조해 왔다. 말씀이 내주하신다는 표현은 생소하다. 하지만 공동서신은 일관되게 '말씀의 내주'가 새 언약 백성의 특징이라는 사실을 강조한다. 말씀의 내주를 강조하지 않고 성령의 내주만을 강조할 때, 문제가 발생할 가능성이 높아진다. 하나님께서 새 언약 백성에게 성령을 주신 것은, 기적과 은사만을 위해서가 아니다. 성령을 주신 목적은, 새 언약 백성 안에 심어진 말씀과 더불어 역사하여, 그 말씀의 생명을 꽃피우며 결국 열방 앞에서 '의와 화평'의 열매를 맺게 하는 데 있다.

말씀의 내주를 강조함이 없이 성령의 내주와 충만을 외칠 때, 성령의 역사는 길을 잃고 목적을 상실하기 쉬워진다. 성령으로 충만해졌는데, 말씀을 순종하여 의와 화평을 이루고 덕을 세우는 것이 아니라, 도리어 탐욕을 이루고 세상 앞에서 교회의 덕을 무너뜨리며 하나님의 이름을 더럽히는 경우가 생기기 때문이다. 이런 경우, 그것은 성령의 역사가 아니라 악령의 역사일 것이다. 이 땅의 교회가 경험했고 경험하고 있듯이, '말씀을 떠난 성령의 역사'는 반드시 타락하며, 그것이 거짓교사들의 특징이기도 하다.

성령께서는 오직 말씀이신 그 아들을 증거하신다. 오직 아버지 하나님의 뜻을 이루신다. 오직 그 아들과 아버지의 영광만을 구하신다. 새 언약 백성인 교회 안에 말씀이 성령과 함께 내주하시는 것은, 그들 안에 그 아들과 성령께서 내주하신다고 말하는 것과 같다. 성자와 성령을 분리할 수 없다면, 믿는 자 안에 말씀과 성령이 함께 내주하시는 것은 당연한 일이다.

그 옛날 예레미야와 에스겔 선지자가 바라보았던 새 언약이 성취되는 시대에는, 하나님의 말씀과 그분의 영이 그 새 백성의 거듭난 심령 안에 친히 내주하신다. 이제 그 성취의 시대가 왔다. 말씀이 육신이 되셨다. 그분께서 성령을 보내셨다. 이제 그 아들을 믿는 새 백성 안에는, '말씀이 육신이 되신' 그 아들과 그 아들을 증거하시는 하나님의 영이 친히 거하신다. 말씀이 육신이 되신 것은, 육신인 우리에게 그 말씀이 심기기 위함이다. 그리고 거듭난 심령에 심긴 그 말씀은, 다시 우리 안에서 그 생명이 육체로 나타나기까지 역사하신다. 승천하신 주님께서 친히 그분의 말씀과 그분의 영으로 종말의 새 백성 안에 영원토록 임재하여 역사하시는 것이다.

3. 공동서신의 말씀이 빚어내는 '영성'
  – 욥, 노아 그리고 에녹

하나님의 말씀이 교회를 창조한다. 그래서 교회는 '어떤 말씀'을 듣고, 배우며, 먹고 자라는지가 결정적이다. 주 예수 그리스도의 말씀이, 아버지의 사랑 안에서, 성령을 통하여 교회를 창조하시기 때문이다. 교회는 삼위 하나님께서 직접 낳으시고, 기르시고, 섭리하시며, 완성하시는 그의 백성이다. 그래서 교회의 시작도, 중심도, 본질도, 말씀이신 그 아들에게 있다. 그 아들, 곧 생명의 말씀이 있는 곳에 그 말씀을 증거하시는 성령이 역사하시고, 그 말씀이신 아들을 세상에 보내신 아버지의 사랑이 임재하신다.

그런데 교회를 태어나게 하고 형성해 가는 이 말씀은 너무나도 다채롭고 풍요하다. 로마서를 중심으로 교회를 세워 가면, 로마서의 말씀이 형성하는 교회가 만들어질 것이다. 본질이 다 같은 교회이지만, 설교자가 강조하는 말씀에 따라 현실의 교회는 그 모양과 색채, 형태와 강조점, 방향과 틀이 조금씩 다르게 빚어져 갈 것이다. 성경의 풍요함은 곧 교회의 풍요함, 교회 전통의 다채로움과 풍요함을 만들어내기 때문이다.

출애굽기를 읽으면 유력한 인물로 모세가 떠오르게 된다. 거기에서는 영성의 모델이 모세가 된다. 여호수아를 읽으면 여호수아가 영성의 모델이고, 열왕기상하나 역대상하를 읽으면 다윗이 하나님의 백성이 바라보고 따라야 할 영성의 표본으로 두드러질 것이다. 이처럼 그 시대마다, 따를 만한 신앙의 모델, 영성의 모범이 제시되곤 한다.

신약성경에서 로마서나 갈라디아서는 믿음의 조상 아브라함을 내세우기도 하는데, 상대적으로 공동서신이 강조하는 신앙의 모델, 영성의 모델은 다소 낯설고 당황스러운 인물들이 대부분이다. 만일, 이 땅의 교회가 오랫동안 소홀히 취급해 왔던 공동서신의 말씀들을 듣고 배우며, 지속해서 그 말씀들로 형성되면, 어떤 영성을 가진 교회들이 나타나게 될 것인가?

이 부분이, 교회가 공동서신을 재발견할 때 기대할 수 있는 미래의 풍성함과 소망이 떠오르는 대목이다. 만일 야고보서의 말씀들을 성도들의 심령과 삶에 역사하도록 진지하게 반복적으로 제시한다면, 성도들은 어떤 영성을 가지고 어떤 모습으로 살게 될까? 교회는 공동서신의 말씀들을 가르치면서 이러한 기대를 품고, 끈기 있게, 풍성하고 다채로운 영성을 소유하고 누리는 교회들을 세워 나갈 수 있다.

'인내'를 강조하는 야고보서가 내세우는 영성의 모델은 '욥'이다 (약 5:11). 욥은 답을 찾을 수 없는 고난을 견디면서 하나님을 붙들었다. 그가 인내하면서 내뱉었던 말들은 그리 '모범적인 인내'에 해당하지 않을지라도, 그는 끝까지 하나님 앞에서 그 '이해가 되지 않는 고난'의 이유를 물으며 견디었다. 야고보서는, 욥이 받게 된 그 인내의 열매를 '주께서 주시는' 결말이라고 말한다. 주님은 가장 자비하시고 긍휼히 여기신다는 사실이, 욥의 인내를 통해 드러나게 된 것이다. 욥은 말로만 들어 왔던 하나님을 뵙는 은혜를 입었고, 거기에서 그의 이유 없는 고난에 대한 충분한 보상을 받았다.

신앙은 그 처음만큼이나 나중이 중요하다. 아니 처음보다 나중이 더 중요하다고 말할 수 있다. 이것이 공동서신이 가르치는 영성이다. 어쩌면 '나중'이 '처음'을 드러낸다든지 또는 결정한다고까지 말할 수도 있다. 그것은 '열매를 보아 나무를 알리라'고 가르치신 우리 주님의 말씀 그대로이다. 사도 바울은, 율법 아래에 놓인 옛 언약 백성을 향해 '율법의 행위가 아니라 오직 믿음으로' 참포도나무이신 예수 그리스도에 '접붙임 받는' 칭의와 양자(養子) 됨을 강조했다.

이와는 대조적으로, 공동서신은 그 생명의 나무에 접붙여진 새 언약 백성이 어떻게 인내를 통해 '열매'를 맺게 되는지를 중점적으로 설명한다. 이렇듯 안디옥의 선교사 바울과 예루살렘의 지도자들은 '함께' 서로를 '보완'하며 초기 교회의 '온전한' 신앙을 세워 갔던 것이다. 또한 공동서신은 율법 아래에 있던 유대교로부터 나오는 그리스도인들을 향해서라기보다는, 낯설고 적대적이었던 로마제국 안에 흩어져 살고 있던 그리스도인들을 향해서 복음과 교회론과 윤리적 비전을 펼친다.

이런 점에서, 바울서신에서는 언약 백성의 조상인 '아브라함'이 두드러진 인물로 거론되지만, 공동서신에서는 온 세상의 조롱과 핍박을 무릅쓰고서라도 의(義)의 길을 갔던 '노아'가 영향력 있는 신앙의 모델로 등장하는 것은 당연한 현상이라 할 수 있다. 특히 베드로전후서는 '노아'의 신앙과 삶을 부각시킨다. 베드로전서는 노아를 심판의 때에 불순종하는 당시의 시대정신을 거슬러, 심판 후에 펼쳐질 새로운 세상을 위해 방주를 예비하며 순종했던 '소수'(小數)의 의인들의 대표자로 묘사한다(벧전 3:20).

베드로전서는 새 언약의 백성 된 교회를 이 땅을 순례자로 지나가는 제사장들로 설명하는데, 이들은 하나님을 거스르는 이방의 주류 사회와 문화 속에서, 하늘에 간직된 '썩지 않고, 더럽지 않고, 쇠하지 않는' 나라를 소유하고 누리면서, 이 세상 한복판을 그들의 주요 구주이신 예수 그리스도를 따라 십자가의 길, 곧 선한 양심의 길을 가는 사람들이다. 하나님께 적대적인 낯선 이방 사회 속에서 소수에 불과한 그리스도인들로서 살아가는 이들에게 노아는, 비록 자기의 시대에서는 외롭고 소외된 채로 살아야 하지만, 실제로는 이 세상의 심판과 이 세상의 갱신(更新)을 바라보고 성취하는 새로운 역사의 주인공으로 비쳐졌을 것이다.

교회가 자신이 속한 사회 속에서 주류가 아니라 소수로 존재하게 될 때, 그 주변의 거센 세속의 물결 속에서 자신을 지켜 가는 일은 결코 만만한 도전이 아니다. 노아는 바로 그런 도전을, '살아 있는 소망'을 끝까지 붙들고 이겨 낸 인물로서, 이 세상을 나그네와 거류민으로서 그리고 제사장으로 살아 내는 일에 승리한 신앙을 증거한다. 그는 자기 시대의 패악한 삶을 거부하면서, 도리어 주변의 이방인들에게 심판자이시며 새 하늘과 새 땅을 창조하시는 하나님과 그분의 나라를 바라보도록 가리키는 깃발처럼 충실한 제사장으로 살았던 것이다.

교회가 살아가는 시대가 기독교를 '국가 종교' 정도로 인정하는 사회라면, 노아의 영성은 그리 진지하게 다루어지지 않을 것이다. 하지만 온 사회가 교회를 적대시하고, 교회를 향해 '악행한다'고 비방하며 점점 더 기독교 신앙을 공격하는 시대가 될수록, 노아의 꿋꿋한 영성, 살아 있는 소망의 영성은 더욱더 절실해질 것이다.

베드로후서 역시 노아를 '의(義)의 전파자'로 소개하면서, 그의 신앙과 삶을 중요하게 조명한다(벧후 2:5). '불의'가 편만한 시대이며, 모두가 그 불의에 굴복하기 쉬웠던 시대였기 때문일 것이다. 무엇이 '의'인가? '의'란 성경에서 우선적으로 '바른 관계'이다. 사람이 창조주요 심판주요 구원자이신 하나님과 맺어야 마땅한 바른 관계이며,

사람이 자기 자신과 맺는 바른 관계이고, 이웃과 그리고 온 피조세계와 맺는 바른 관계, 그것이 '의'라고 할 수 있다. 하나님의 창조 세계의 이 모든 의의 바른 관계를 견고히 붙잡고 포기하지 않았던 인물이 바로 노아로서, 그의 영성은 그가 '의의 전파자'였다는 베드로후서의 평가에 다 들어 있다.

노아가 '의의 전파자'였다는 점은, 베드로후서가 그래도 '의인'(義人)이었다고 평가하는 '롯'과의 대조에서 선명하게 드러난다. 롯이 하나님을 믿었다는 것 때문에 그를 하나님과 마땅한 관계 속에 있었던 의인이라고 할 수는 있었겠지만, 그는 당시 그가 속한 소돔과 고모라의 패악에 대해서는 거의 아무것도 하지 못했던, 선한 영향력을 끼치지 못했던 자였기 때문이다. 그가 할 수 있었던 것은 그저 그 시대의 음란한 행실 때문에 마음이 부대껴 스스로 '고통을 당하는' 것뿐이었다.

하지만 노아는 의를 '적극적으로 전파'하는 영성을 가진 인물이었다는 점에서 롯과 차이가 난다. 노아는 하나님에 대하여, 이웃에 대하여, 역사에 대하여, 세상에 대하여 하나님께서 말씀으로 정하신 '모든 마땅한 관계들'을 견고히 주장하고, 그 의의 질서를 끝까지 붙잡았던 의인이었다. 그리고 결국은 그 '의가 거하는 바' 새로운 세상을 맞이하고 그 세상에 첫발을 디뎠던 사람이다.

베드로후서가 홍수의 심판 후에 펼쳐진 새로운 세상에 들어갔던 의인들을 '노아와 일곱 식구'(벧후 2:5)라고 표현한 것은, 노아가 바로 8번째 사람이었다는 뜻인데, 초기 교회에서 8이라는 숫자는 안식일을 넘어선 세상, 곧 '새 하늘과 새 땅'을 상징했다는 점을 생각하면, 노아는 새 하늘과 새 땅에 들어가는 대표적 인물로 여겨진 것이 분명하다. 베드로후서가 3장에서 '의가 영원토록 거(居)하는 바 새 하늘과 새 땅을 바라보라'는 강력한 권면으로 끝나는 것과도 잘 어울리는 인물이었던 셈이다.

요한서신은 어떤 특정한 신앙의 인물을 모델로 제시하지는 않는다. 그 대신, 사도 요한 자신이 요한서신의 말씀이 빚어내는 영성의 표본일 수 있다. 요한서신은 '삼위 하나님과의 코이노니아'가 곧 새 언약 교회의 본질이며, 장차 하나님께서 그 아들과 성령을 통해 회복하시며 그 안에 삼위 하나님 자신이 충만히 거하실 새 하늘과 새 땅의 본질임을 강조한다.

코이노니아는 '공유(共有), 만남과 사귐, 연대와 연합 그리고 나눔'을 의미하는데, 코이노니아 안에서 하나님과 그의 백성은 '상호내주'(mutual indwelling), 즉 서로의 안에 거함으로써 서로를 공유하고 만나고 사귀며, 연대하고 연합한다. 그리고 그 안에 있는 영원한 생명, 빛과 사랑을 영원토록 '나눈다.' 생명도 빛도 사랑도 '나눔'을 그 존재방식으로 갖기 때문이다. 그래서 코이노니아는 코이노니아를 낳는다. 말하자면, 코이노니아를 낳지 않는 코이노니아는 존재하지 않는 셈이다.

만일 '코이노니아'를 사도 요한의 개인적 경험에 비추어 표현한다면, '품의 신학'이라 부를 수도 있을 것이다. 요한은 예수님의 품에 안겨 있기를 즐겨한 제자였다(요 13:23). 예수님께서 사랑하셨던 제자요한이 예수님을 묘사할 때, 그 아들이 아버지의 '품에 안겨' 있다고 표현한 것도 우연이 아닐 것이다. 요한은 하나님과의 친밀한 교제가 무엇인지를 깊이 경험한 제자이다. 요한의 신학은 '사귐'의 신학이다. 그리고 그것은 성경의 모든 언약의 성취의 절정, 곧 '내가 너희 안에, 너희가 내 안에 거하는 언약 관계의 성취'를 가리키기도 한다.

새 언약의 본질은, 하나님의 말씀이신 그 아들과 그분의 영이신 성령께서 그의 백성 안에 친히 '내주'하신다는 사실에 있다. 일반 은총 아래에서도 우주(宇宙)라는 말이 원래 '집'을 가리키는 것이며, 사람을 '소우주'(小宇宙)라고 부르듯이, 이 피조세계도 사람도 원래부터 하나님께서 거하시는 집으로 지음 받았다. 초기 교회 교부들이 말해 왔듯이, '인간의 육체는 영혼의 집이요, 영혼은 하나님의 집'으로 지음 받은 것이다. 육체에서 영혼이 빠져나가면 흙으로 돌아가듯이, 사람의 영혼은 하나님께서 친히 거하실 때 '살아 있는 집', 곧 '살아 있는 성전'이 된다.

새 언약의 성취는, 하나님께서 그의 말씀과 성령으로 자기 백성 '안에 거하심'으로써 비로소 그들을 하나님의 살아 있는 성전으로 회복하는 재창조의 역사를 가져왔다. 이처럼 예수 그리스도 안에서 교회는 하나님의 모든 신성으로 충만해지고, 주님의 교회 안에서 만물 역시 하나님의 임재로 충만한 하나님의 집으로 회복될 것이다.

사도 요한처럼 '생명과 빛과 사랑의 코이노니아'에 대해 잘 알려주는 사도는 없다. 요한서신을 깊이 읽고 묵상하고, 배우고 가르치면, 교회는 실로 그 아들의 생명과 아버지의 사랑과 성령의 빛에 '거하며 사귀는 것'이 무엇인지 알게 될 것이다. 또한 그 안에서 삼위 하나님의 신성과 은총에 참여하는 복을 누리게 될 것이다.

이 땅에서 살아가는 하나님의 새 백성의 삶에는 예배당 건물이 필요하다. 우리는 시간과 공간 안에서 살아가는 육체이기 때문에, 특정한 때에 특정한 장소가 주는 의미와 효과를 무시할 수가 없다. 하지만 분명히 해야 할 것이 있다. 예배당은 교회가 아니고 성전도 아니다. 예배당 건물 안에 모이는 성도가 참된 성전, 살아 있는 성전, 하나님의 집이다. 이 점을 강조하고 회복할 때 교회가 회복된다. 요한서신이 빚어 가는 교회는 바로 '살아 있는 성전'이요, 이 땅에 존재하고 점점 더 풍성해져 가는 '새 하늘과 새 땅의 실재'이다.

그 '살아 계신 하나님의 집'에서, 성도는 날마다 장차 온전히 임할 새 하늘과 새 땅의 본질, 즉 '삼위 하나님과의 코이노니아'를 누린다. 그 중심에는 아버지 하나님의 사랑이 있다. 하나님은 빛이시고 사랑이시다. 사랑 안에는 빛이 있다. 형제를 미워하는 자는 어둠에 다니지만, 아버지의 사랑 안에 거하는 자는 빛 가운데서 언제나 나아갈 길을 찾는다. 하나님의 사랑 안에는 언제나 길이 있기 때문이다. 하나님의 사랑은, 우리의 모든 실패와 배신과 배은망덕한 죄악의 두터운 장벽조차 허무시고 길을 내어 찾아오신다.

그 길로 아버지께서는 자신의 독생자를 보내셨다. 그 아들은 말구유 같은 우리에게 오셔서, 우리의 무능(無能)을 자신의 모든 신성(神性)의 충만으로 채우신다. 해골 골짜기 같은 우리의 심령, 죄로 인해 갈기갈기 찢긴 우리의 심령을 그 보배로운 속죄의 피로 싸매시고 치유하신다. 그리고 그분의 결연하고 견고한 십자가처럼, 아버지 하나님을 향한 거룩한 사랑의 불길이 우리 안에 타오르게 하신다.

마침내 그 아들은, 빈 무덤 같은 우리 심령과 삶을 부활 생명의 빛으로 충만하게 하신다. 그 아들이 내신 길을 따라 우리에게 찾아오신 성령께서는, 날마다 우리가 누리는 이 코이노니아를 통해 우리를 이 비참에서부터 꺼내시며, 죄와 죽음의 압제를 벗어나 하늘 보좌 우편에 이르기까지 끌어올리신다. 거기서 우리는, 하나님 보좌 앞에 넘치도록 흐르는 빛과 진리, 생명과 사랑의 강수(江水)를 마신다.

요한서신은 그 아버지의 품에 거하는 것이 영원한 생명의 본질이라는 사실을 잘 보여 준다. 여기가 '태초부터 계신 이'를 알게 된 '아비들'이 이른 곳이다(요일 2:13-14). 여기에 생명과 진리와 사랑이 솟아나는 근원이 있기 때문이다. 여기에 생명이신 아들과 진리이신 성령과 사랑이신 아버지와의 살아 있는, 충만한 사귐이 있다.

교회의 목적도, 인생의 목적도, 역사의 목적도 사실은, 우리가 하나님의 사랑을 받고, 그 사랑 안에 거하여 그 사랑을 알고 누리며, 그 사랑으로 우리의 모든 어그러지고 왜곡된 사랑을 치유하며, 그 사랑으로 자신을 올바로 사랑하고, 그 온전한 사랑으로 이웃과 열방과 피조세계까지 사랑하는 법을 배우기 위해 존재한다. 요한서신은 삼위 하나님과의 사귐이 어떻게 '코스모스, 온 세상'을 치유하고 회복하는지를 놀랍도록 아름답게 설명한다.

유다서는 '에녹'을 중요한 인물로 언급한다. 유다가 에녹일서의 말씀을 인용했다고 해서 에녹일서 전체를 정경으로 인정한 것은 아니다. 하지만 에녹이 그만큼 중요한 인물이라고 여겼던 것은 분명하고, 그 당시에 에녹의 영성을 모델로 제시하고자 했던 것은 나름의 이유가 있다. 유다서가 모세나 여호수아가 아니라 에녹을 전면에 내세운 것은, 당시의 교회가 '날마다 일상 속에서' 부대끼는 거짓교사들의 집요한 거짓 가르침과 그 유혹 때문이었을 것이다.

그 아들을 믿는 자들은 이미 사망에서 생명으로, 율법 아래에서 은혜 안으로 옮겨졌다. 문제는 저주에서 생명 안으로 옮겨졌다는 사실이 아니라, 그 생명 안에서 '지속적으로, 부단하게, 매일매일, 그 생명의 열매를 맺기까지' 견디어 내는 일이다. 에녹은 무슨 큰 업적을 세운 인물이 아니다. 성경에서 그렇게 소개되지 않는다. 다만 그는 '날마다 하나님과 동행'하다가 '죽음을 보지 않고' 하나님께서 데려간 의인이었다(창 5:24; 히 11:5).

'날마다 하나님과 동행'하는 일은, 드라마틱하지도 않고 엄청난 업적을 세우는 결과로 나타나지도 않는다. 하지만 그런 신앙, 그런 영성이 요구되는 시대가 있다. 평온해 보이지만, 그래서 오히려 보이고 또 보이지 않는 집요한 유혹과 거센 핍박이 몰려오는 시기에 신앙이란 날마다 '견디는 일'이 된다. 날마다 하나님과 동행하며 그 하나님의 진리와 사랑과 능력 안에서 '자신을 지켜 내는 일'이 가장 결정적인 관건이 되는 것이다.

이런 배경에서 에녹은 이 시대의 교회가 바라보아야 할 유력하고 위대한 인물이요, 다 밝혀지지 않은 신비 속에 가려진 경건을 소유한 인물이다. 오늘날의 교회는, 바로 이 에녹의 경건의 비밀을 캐내고 그것을 소유할 것을 요구받는 시대에 살고 있다. 노골적인 핍박이 없지만, 오히려 일상의 유혹 속에서 우리의 영과 마음은 분산되고 오염되며 쉽게 시들어 가는 현상이 일상이 되는 시대인 것이다. 에녹은 그런 평범한 일상 속에서도, 결국 죽음을 보지 않고 하늘에 들려 올라가기까지 깊고 깊은 하나님과의 동행의 비밀을 누렸던 사람이다.

한 무리의 노예들을 이끌고 홍해를 건너는 민족의 대서사를 썼던 모세도, 자신들보다 강력한 이방 족속들이 들끓고 있던 가나안을 정복한 민족중흥의 영웅 여호수아도 모두 죽어 땅에 묻혔다. 그러나 에녹은 도대체 무엇을 어떻게 했기에, 과연 어떻게 하나님과 동행했기에 죽음을 보지 않고 들려 올라갔던 것일까? 공동서신은 우리에게 노아와 에녹을 기억하라고 권면한다. 신앙이란 그 '처음'만큼이나 '나중'이 중요하다는 사실을 일깨운다. 예수 그리스도를 믿고 영생을 '얻은 것'만큼이나, 아니 그보다 더, 그 받은 영생을 지금, 여기서 '알고 누리는' 것이 얼마나 놀랍고 또 절실한 일인지 깨닫게 해 준다.

성경을 보면, 하나님께서 오랜 역사에 걸쳐 자신의 뜻과 계획을 일관되게 그러나 점진적으로, 단계적으로 펼쳐 오시는 것을 보게 된다. 노아 언약을 준비하시면서 새 하늘과 새 땅을 준비하시고, 아브라함 언약을 준비하시면서 열방을 돌이키셔서 자신의 백성을 만들어 가신다. 또한 모세 언약을 준비하시면서 율법을 통해 그들을 거룩한 백성, 곧 열방을 하나님께로 돌이킬 제사장 나라로 만드시고, 다윗 언약을 통해 그들에게 율법을 가르치고 인도할 영원한 왕과 그의 영원한 왕권을 약속하신다.

하나님은 이런 식으로, 하나님 나라의 영토와 백성 그리고 그 나라의 법과 그 나라를 다스릴 왕을 단계적으로, 그러나 유기적이고 일관되게 준비하신다. 복음서에서 '하나님 나라가 가까이 왔으니, 회개하고 복음을 믿으라'고 선포하신 예수님의 말씀은, 이런 언약의 유기적이고 점진적인 전개와 준비를 토대로 피어난 꽃이었다. 이렇게 광대하고 치밀한 하나님 나라의 역사에서, 우리 각자의 인생이 차지하는 자리는 어디이며, 우리 각 개인의 인생의 의미는 어디에 있을까?

내 삶의 의미가 이 모든, 큰 역사를 다 이루는 데에 있지 않은 것은 분명하다. 이 길고 큰 역사가 하나의 책이라면, 하나님께서 저자이시고 우리 각자는 그 책 스토리의 작은 한 부분을 차지하는 무수히 많은 등장인물 중 하나일 것이다. 그러므로 우리 인생의 의미는, 하나님께서 뜻하시고 계획하시며 일관되고도 점진적으로 이루어 가시는 그 역사 전체를 감당하는 것이 아니다.

다만, 그런 광대한 하나님의 계획을 듣고 알고 소망하고 기대하며 누릴 필요는 있다. 마치, 놀랍고 흥미로운 이야기를 들려주는 어른의 입을 바라보는 어린아이들처럼 말이다. 우리가 그 큰 이야기 전체를 써 내려갈 수는 없다. 우리는 그 큰 이야기의 지극히 작은 한 부분 속에서 잠시 살아갈 뿐인 것이다.

그렇다면 우리의 제한된 작은 인생의 의미는 어디에 있을까? 그것은 아마도, 아니 확실히, 그 큰 이야기의 저자인 '그분과 함께' 그 작은 지점을 써 내려가는 일일 것이다. 그분이 나를 통해 그 큰 이야기의 지극히 작은 부분을 써 내려가도록 그분과 동행하는 것, 그것이 가장 의미 있는, 복된 삶이다. 세례 요한이 그런 사람이었고, 그의 인생이 그러했다. 그는 하나님의 놀라운 계획을 다 알고 있었다. 자신은 물로 세례를 주지만, 자기 뒤에 오시는 이는 성령으로 세례를 주시는 새로운 시대를 열 것이라는 사실, 마침내 새 언약이 성취되는 시대가 임박했다는 사실을 알고 있었다.

그런데 그렇게 자기 시대의 과거와 현재와 미래를 관통하여 꿰뚫고 있었던 그의 인생은 놀랍게도 헤롯이 가둔 감옥의 작은 방에서 마치게 된다. 하나님의 광대한 계획을 알고 있었지만, 그는 자신이 해야 하는 일과 할 수 없는 일, 하지 않아도 되는 일과 해서는 안 되는 일을 정확히 알고 있었다. '나는 그리스도가 아니다'라고 그는 명확히 선을 그었다. 자신의 제자들이 자기를 떠나 모두 예수 그리스도를 따라가는데도, 이 놀라운 선지자는 하나님의 그 거룩한 역사의 큰 이야기 속에서 자신이 찍어야 하는 점, 그 작은 점 하나를 찍고 인생을 마쳤다.

'그는 흥하고, 나는 망해야 하리라'고까지 말했다. 하나님의 일은 다 이루어져야 하고, 그 안에서 내 역할은 여기까지라는 것이다. 참으로 놀라운 하나님의 사람이다. 하나님의 사람은 이러해야 한다. 하나님의 거대한 역사를 알고 있지만, 그 역사 안에서 하나님께서 자신과 함께 자신을 통해 하시고자 하는 일이 무엇인지를 정확히 알고 순종하는 것이다. 예수님도 그러하셨다. 세례 요한이 위대한 선지자였던 이유가 여기에 있다. 그것은 그가 이루었던 일이 위대했기 때문이 아니다. 그의 뒤에 오시는 이가 더 위대한 일을 이루신다.

세례 요한이 위대한 선지자였던 것은, 그가 하나님의 크신 일을 알면서도, 그 크신 일 안에서 자신에게 주어진 작은 일을 '그 크신 하나님과 함께'했다는 사실에 있다. 사람의 위대함은, 그가 한 일의 '크기'에 있지 않다. 비록 작은 일이라도, 그 작은 일을 '누구와 함께했느냐?'에 있다. 하나님께서 쓰시는 역사, 그 크고 놀라운 책의 한 페이지 속에서 내가 그분과 함께, 그분이 나를 통해 그 문장의 마침표라도 찍으셨다면, 내 인생은 충만한 의미가 있는 것이다.

겨자씨만 한 작은 믿음으로 큰 산을 옮길 수 있지만, 아무도 주목하지 않는 작은 일을 하나님과 함께하려면 큰 믿음이 있어야 한다. 신자의 인생의 의미는 여기에 있다. 일상 속에서 하나님과 동행하다가 하나님 곁으로 갔던 에녹의 삶도 이러했을 것이다.

에필로그

　공동서신을 연구하고 가르치고 설교하면서, 종종 낯선 개척지를 탐험하고 있다는 느낌이 들었다. 때로는 그 안에서 발견하고 캐어 낸 의미가 나 자신에게도 생소해서, 그 내용을 교회 앞에 선포하고 가르치기에 별도의 용기가 필요한 적도 많았다. 하지만 시간이 지나면서 마치 새벽녘의 강가에 안개가 서서히 걷히듯이, 공동서신 여기저기에 펼쳐져 있는 귀한 내용들이 그 모습을 드러내며 형형색색의 들판이 눈앞에 펼쳐진 것 같은 아름다움과 장엄함에 감탄하기도 했다.

　예컨대, 야고보서 3장 같은 경우가 그러했다. 이 세상의 핵심 원리는 인간의 이성(logos)이 아니라 하나님의 '말씀'이라는 창세기의 관점을 그대로 받아들이면서, 바로 그 '말씀을 떠난 인간의 말들'이 이 세상을 지옥 불로 태우고 있는 근본적인 화인(火因)이라 보는 야고보의 통찰은 참으로 귀하고 놀라웠다. 마치, 사도 바울이 로마서 7장에서 죄의 세력에 갇힌 '육(肉)'의 한계에 탄식하고 낙담하는 장면처럼, 야고보서 3장은 '오호라, 곤고한 세상이여, 누가 이 세상을 이 지옥 불에서 건져 내랴!' 하며 탄식하고 있는 듯했다.

　게다가 야고보는, 인간의 내면을 들여다보는 바울에 비해 훨씬 더

'우주적 전망' 안에서 그렇게 하고 있는 것이다. 마치 내과 의사와 천문학자의 차이처럼 말이다. 바울이 율법 아래에서 고통당하는 인간의 실존을 '내시경'으로 치밀하게 들여다본 것이라면, 야고보는 하나님의 말씀을 버린 인간이 끌어들인 거짓과 파괴적인 말들이 어떻게 온 피조세계를 불태우고 있는지를 '천체망원경'으로 보여 주고 있는 셈이다.

바울서신과 공동서신은 이런 식으로 서로 보완적이고 조화를 이룬다. 앞으로 '신약신학'을 확립하고자 할 때는, 바울서신과 공동서신을 서로 비교하고 차이점과 공통점을 살피는 연구가 중요해질 것이다. 지금도 이런 연구들이 간혹 있지만, 앞으로는 더 잦아지고 당연해질 것이라 생각한다. 예를 들면, '믿음과 행함'에 관한 문제를 다룰 때 로마서와 야고보서를 긴밀하게 연관 지어 해석한다든지, '의'(righteousness)에 대하여 신약성경이 무엇이라 가르치는지를 알기 위해, 단지 로마서 갈라디아서만이 아니라 야고보서나 베드로전후서, 요한서신을 함께 살펴 종합적인 결론을 내는 방식을 택하는 것이다.

이렇게 바울서신과 공동서신을 함께 연결 지어 서로를 보완하게 하고, 종합적인 결과를 토대로 신약신학의 여러 주제를 정리한다면, 교회는 더욱 '온전한 가르침'을 받아 더욱 '온전하고 성숙한' 모습으로 성장하게 될 것이다. 이것이 사실 초기 교회의 사도들, 즉 예루살렘의 사도들과 안디옥의 사도 바울이 함께 협력하여 주님의 교회를 세워 갔던 방식이기도 한 것이다.

베드로전서를 연구할 때는, '어쩌면 이렇게도 오늘날 우리 교회들이 처한 상황과 유사할까!' 하는 생각을 자주 하게 되었다. 교회사를 보면, 각 시대에 교회를 혼란에 빠뜨렸던 가장 큰 이단은 바로 그 시대의 주류교회가 가장 외면했던 그 교리나 복음을 가져다가 왜곡한 거짓교사이었다는 사실을 알 수 있다. 그래서 어떤 특정한 시대에 활동하는 강력한 이단의 존재는 교회에게 큰 걸림돌이 되지만, 동시에 그 시대의 교회가 과연 무엇을 잃어버렸고 어떤 복음을 외면했는지를 돌아보게 하는 하나님의 은혜로운 섭리이기도 한 것이다.

이런 점에서 오늘날 한국 교회의 가장 큰 이단이 바로 이 '신천신지(新天新地)'의 복음을 왜곡한 이단이라는 사실은, 뒤집어 말해서 그동안 이 땅의 주류교회가 가장 외면해 왔던 복음이 바로 '새 하늘과 새 땅'의 복음이라는 것에 대한 뚜렷한 반증(反證)이 된다. 그동안 이 땅의 교회는 지나치게 '세속적'이 되어 왔고, 이는 부인할 수 없는 현실이다. 결국, 이 땅에서 '신천지 이단'을 몰아내려면, 주류교회가 '새 하늘과 새 땅'의 복음을 힘 있게 선포하여야 한다.

베드로전서는, 복음의 초월성이 곧 '교회가 세상을 이기는' 강력한 무기라는 사실을 보여 준다. 동시에 베드로전서는 그런 '초월적' 복음을 소유하고 누리는 교회가, 어떻게 구체적으로 이 '세상과 역사 속을' 지나가야 하는지도 명확히 알려 준다. 베드로전서의 수신자들은 '이방인들 중에' 살아가면서 '악행 한다는 비방'을 들으며 살았던 로마제국 내의 소수의 그리스도인들이었다. 이런 정황이 오늘날 이 땅의 교회가 겪고 있는 '위축되어 가는 교회'의 모습과 너무도 닮아 있지 않은가! 최근에 교회의 이런 파편화되고 '게토'화되는 모습을 극복하기 위해, 여러 신학자가 '공공신학'(public theology)을 외치고 가르친다.

이런 점에서, 초기 교회의 공공신학의 성경적 토대가 베드로전서였다는 사실은 흥미롭고 또 중요하다. 확실히 베드로전서는, 평범한 성도에게 '공공신학'이라는 신학적 개념을 가르치지 않고도 공공신학의 의도를 실현할 수 있게 해 주는 효과적인 전략이 된다. 더구나 간혹 공공신학이 구원 영역과 창조 영역 사이에서 '이론적인 양극단'에 빠지는 위험을 노정하기도 하는 것과 달리, 베드로전서의 복음과 메시지는 매우 균형 잡혀 있으면서도, 일반 성도가 따르고 실천하기 쉬운 구체적이고 살아 있는 '말씀'으로 구성되어 있다는 장점이 있다.

베드로후서를 연구하면서, '신적 본성에 참여함'을 향한 정말 깊고 오래된 교회의 전통과 열망을 재발견하게 된 것은 큰 수확이었다. 베드로후서 1장 4절이 표방하는 '신적 본성에 참여하는' 일은, 초기 교회 이후부터 종교개혁 때까지도 교회의 가장 큰 목표인 '하나님과의 연합'을 가르치는 대표적인 본문이다. 이 말씀은, 그동안 우리 개신교회가 간과해 왔던 정통 교회의 지고한 목표이기도 하다. 교회는, 하나님께서 우리에게 보내신 '길 되신 그 아들'을 통해, '성령의 인도하심'을 받아, '아버지께로 돌아가는' 순례자들이다. 그 길의 끝에는, 아직은 수많은 문제로 찢기고 상한 피조세계의 온전한 회복, 충만한 완성이 놓여 있다.

'칭의'의 복음은 위대하다. 하지만 예수 그리스도의 복음은 그보다 훨씬 풍성하고 놀랍다. 교회는 이 복음의 풍성함을 회복해야 한다.

그리고 계속해서, 예수 그리스도께서 이루어 내셨고 우리에게 은혜로 주신 그 복음의 놀라운 능력의 깊이와 넓이와 높이와 길이를 헤아려, 교회에게 끊임없이 그 생명의 강수(江水)를 공급해야 한다. 교회는 그리스도의 몸이어서, 오직 그분의 살과 피, 곧 그 아들의 생명을 먹고 마심으로만 살아갈 수 있으며, 그제야 비로소 '그 충만'에 이를 수 있기 때문이다.

공동서신을 읽다 보면, '세상'이 정말 중요한 주제라는 사실이 선명해진다. 예수 그리스도의 복음이 바로 이 '세상'을 배경으로 설명되고 있으며, 우리 각자가 씨름하고 분투하는 전쟁터도 바로 이 세상이라는 사실이 명확해진다. 교회는, 그리고 성도 각자는 날마다 부대끼는 이 세상을 과연 어떻게 다루어야 하는가? 이 주제는 앞으로도 깊이, 자세히, 진지하게 연구해야 할 문제이다.

'세상'은 가시엉겅퀴처럼 우리를 괴롭히기도 하지만 여전히 하나님의 피조세계이며, 하나님을 떠나 악한 자 아래에 붙잡혀 신음하는, 같은 피조물 된 우리의 '형제'이다. 교회인 우리가 바로, 하나님의 마음과 뜻을 따라 이 피조세계를 건져 내고 회복하며 다시 다스리고 돌보아야 할 '하나님의 형상'들이다. 지구가 신음하는 이때에, 교회가 이 특권과 사명을 올바로 회복해야 한다.

예수 그리스도의 복음에 붙잡혀 있을수록, 원래는 더욱더 피조세계의 회복을 갈망하게 되어 있다. 자신의 구원에 집착하는 성도야말로, 온 세상의 구원에 붙잡히게 되어 있기 때문이다. '나의 구원'이란 결국 '내가 부활 육체를 받는 때' 완성되기 때문이다. 그리고 내가

'부활 육체를 받는 때'는 곧 이 피조세계가 죄와 죽음과 허무의 세력에서 나오는 날, 우리 눈앞에 새 하늘과 새 땅이 펼쳐지는 그날이다.

우리 각자의 구원은, 하나님의 백성이 완성되는 날, 그리고 이 피조세계마저 '중생'(regeneration)하는 그 마지막 날에 완성된다. 우리의 구원은 단독자로서 하나님 앞에 서는 일이면서 동시에 공동체적이고 또한 우주적인 것임을 잊지 말아야 한다. 여기에, 교회가 열방을 향한 선교와 환경에 대한 교회적 특권을 깨닫고 그 책임과 사명을 수행할 추동력이 놓여 있다.

공동서신을 읽는 독자가 요한서신에 이르면 갑자기 '하늘이 열린다'고 할 만큼, 초월적이고 신비한 영역으로 들어가게 된다. 이렇게 말하는 것은 과언이 아니다. 요한은 우리에게 '영원토록 있어 온, 그리고 그 아들의 복음을 통해 비로소 우리에게 열린, 삼위 하나님의 세계'로 우리를 끌어들인다. 여기가, 주의 교회가 이 세상으로부터 해방되어 비로소 '들어가게' 된, 그 '젖과 꿀이 흐르는 가나안 땅'이다. '기독교 신비주의의 교본(敎本)'이라고 불러도 손색이 없는 요한일서를 묵상하다 보면, 예수님께서 선포하신 '하나님의 나라'가 얼마나 풍요하고 신비하고 경탄스러운지를 경험하게 된다.

물론, 요한서신에는 '하나님의 나라'라는 표현이 나오지 않는다. 사실 '하나님의 나라'라는 용어는, 예수 그리스도께서 선포한 '복음'의 내용을 당시 고대 근동의 '군주(君主)국가'를 빗대어 표현한 것이다. 요한서신은 그것을 '삼위 하나님과의 코이노니아'로 묘사한다. 훨씬 더 친밀한 표현이다. 새 언약을 통해 드디어 성취되고 실현된,

하나님의 임재하심의 놀라움과 풍요함의 그 내면적이고 영적인 차원을 담아내기에 훨씬 더 적절한 이미지인 것이다. 요한서신은, 복음서가 '하나님의 나라'로 부르는 것을, 차라리 '아버지의 품'으로 표현한다고 해도 지나친 말이 아닐 것이다.

'복음'을 표현하는 데에 있어, 문자나 용어에 구속될 필요는 없다. 복음은 놀랍도록 풍성하고 깊기 때문이다. 한국 교회는 '죄 사함 받고, 세상에서는 복 받으며, 죽어서는 천당 가는 것'으로 신앙을 정리하고 또 그렇게 생각하는 것이 일반적이다. 이렇게 말하는 것은 지나치지 않다. 사실 많은 신자가 그런 개념으로 자신의 신앙을 이해하기 때문이다. 공동서신은 이런 보통의 신자들에게 '복음의 진정한 면모와 그 풍성한 세계'를 소개하기에 좋은 본문이다. 공동서신의 예리한 문제의식과 현실적인 표현들 그리고 피부에 와 닿는 메시지들은, 그들을 그 복음의 새롭고도 풍성한 세계 속으로 이끌어 가기에 충분히 매력적이다. 이런 일들이 많이 일어나기를 기도한다.

공동서신의 절정 부분이 요한서신이기 때문에, 덕분에 개인적으로 요한복음이나 요한계시록의 세계가 참으로 궁금해졌다. 요한이 강조하는 '빛, 생명, 사랑' 이런 내용들은, 그저 말이 아니라 놀랍도록 영원하고 찬란한 실재(reality)이다. 이런 은총들은 모두 하늘에 계신 우리 아버지께서 은혜로 내어주시는 영원한 선물과 같은 것들이다. 우리는 그런 은총들을 받아 누리며 그것들로 충만해짐으로써, 그 아들과 함께 내어주신 이런 은총들을 통해 아버지께로 더 가까이 나아간다. 거기에는 이미 새 하늘과 새 땅이 완성되어 있다. 우리는 시간

속을 살지만, 아버지의 세계는 이미 항상 거기에 있기 때문이다.

하나님은 빛이시고 사랑이시다. 요한은 요한일서에서 그렇게 밝힌다. 그 빛과 사랑 안에서, 교회는 그 아들과 성령으로 충만하다. 요한일서는 '영원한 생명'이 무엇이며, 그것을 어떻게 소유하고 누리는지를 알려 준다. 그것은 '하나님과의 사귐'이며, '그 안에 거하는 삶'이며, '그분께 가까이 나아가는 삶'이다. 그분께 가까이 나아가는 것은, 동시에 이 세상의 죄와 죽음과 허무 속에서 고통당하는 이들에게 가까이 나아간다는 뜻이기도 하다. 하나님은 사랑이시기 때문이다.

교회는 요한서신을 통해 충분히 깊어지고 풍요해질 수 있다. 그런 교회는 영원한 생명을 누리는 교회가 될 것이기 때문이다. 베드로후서를 통해서는, 신적 본성에 참여하여 신성한 성품에서 성장하는, 견고한 교회가 될 수 있다. 그런 교회는 베드로전서가 묘사하는 것처럼, 세상의 썩어짐과 더러움과 허무함에 휘둘리지 않고, 그 아들과 함께 하늘 보좌 우편에까지 직진하며 성령을 따라 분투하고 전진할 것이다.

그런 교회라면, 야고보서가 우려하는 것처럼 하나님과 세상 사이에서 마음이 나뉘어 시험에 빠질 리가 없다. 새 언약 성취의 결과로서, 그들 안에 '심어진 살았고 영원한 말씀'과 그들을 '살아 있는 성전 되게 하시는 성령'께서 언제나 그들을 치유하고 온전하게 하시기 때문이다.

마지막으로, 공동서신의 아름다움과 깊이를 조금이라도 맛보게 하시고, 그 복된 말씀을 교회와 더불어 나누게 하신 하나님께 말로 다할 수 없는 감사와 찬송을 올려 드린다. 누구든지, 공동서신을 읽고 묵상하고 설교하고 가르치는 이에게 삼위 하나님의 한량없는 위로와 풍요하심이 생명수처럼 쏟아지기를 간구하고 기도드린다.

더 읽어 볼, 저자의 공동서신 관련 책과 논문들

• 책

『지붕 없는 교회: 야고보서의 이해』. 이레서원, 2012.
『십자가와 선한 양심: 베드로전서의 이해』. 이레서원, 2014.
『신적 성품과 거짓 가르침: 베드로후서의 이해』. 이레서원, 2017.
『공동서신의 신학: 세상 속의 교회, 그 위기와 해법』. 이레서원, 2017.
『코이노니아 성경 해석 가이드북』. 이레서원, 2017.
『코이노니아와 코스모스: 요한일서의 이해』. 이레서원, 2021.
『지키심을 입은 교회: 요한이서, 요한삼서, 유다서의 이해』. 이레서원, 2022.
『코이노니아 성경 – 공동서신』. 이레서원, 2023.

• 논문

"오직 선한 양심이 하나님을 향하여 찾아가는 것이라: 베드로전서 3:21c의 번역과 해석". 「신약논단」 16/2 (2009): 589-628.
"마음에 심긴 도를 온유함으로 받으라': 야고보서 1:21b의 신학적 중심성." 「신약연구」 9/3 (2010): 455-505.
"너희 마음에 떠오르기까지: 베드로후서 1:19에 나타난 '기다림'의 해석학." 「신약연구」 10/3 (2011): 689-730.
"신학(神學)과 '신적 성품(性品)': 베드로후서 1:1-11에 따른 신학의 의미." 「성경과 신학」 62 (2012): 253-296.
"야고보서의 τελ-어군(語群)의 사용과 '온전함'의 의미." 「신약연구」 11/1 (2012): 93-128.
"교회란 무엇인가?"(1): 베드로전서 1:1-2 주해. 「백석신학저널」 23호 (2012): 305-321.
"교회란 무엇인가?"(2): 베드로전서 2:9 주해. 「백석신학저널」 25호 (2013): 211-226.
"Toward a Theology of the Words, not just the Works, in the Epistle of James." 「신약연구」 12권 2호. 통권 30호 (2013): 356-391.

"공동서신의 새 관점."「신약논단」 21권 3호 (2014, 가을): 761-796.
"교회란 무엇인가?(3) - 베드로전후서를 중심으로."「백석신학저널」 30호 (2016): 117-138.
"공동서신에 나타난 구원과 선한 행실."「신약연구」 15권 1호 (2016, 3월): 154-205.
"야고보서의 '주'(κύριος) 칭호 사용과 기독론적 함의"「신약연구」 17 (2018): 409-447.
"계시의존적 만남과 생명의 성경해석학을 위한 소고"「생명과 말씀」 24 (2019): 149-181.
"요한일서 3:9의 '그의 씨'(σπέρμα αὐτοῦ)의 의미, 공동서신의 전통 그리고 새 언약의 성취"「신약연구」 19/3 (2020): 574-632.
"요한일서의 φανερ̂ 용어 사용과 '나타남'의 신학적 의미"「신약논단」 27/2 (2020): 499-546.
"코로나, 코스모스, 코이노니아: 공동서신을 통해 본 복음, 교회의 본질과 기독교교육적 함의"「생명과 말씀」 30 (2021): 129-183.